風水導讀指要

致玟說

李致玟 著

引言

《玄空本義》為談養吾後期的風水著作，是棄用「三元九運山向飛星組合」，改行「二元八運」的完整資料，在六、七十年代，曾掀起一番爭議。

談浩然（養吾），談晉三之子，生於光緒十六年，即庚寅一八九〇年，江蘇武進橫林五柏塘人。

一九〇九年，時十九歲，承父命從章仲山的嫡傳姻親楊九如習「天心正運」大玄空，即三元九運山水飛星。

一九一九年，至上海任職交通部上海電報局長，後任江蘇電政監督及局長，之前在鄉下從事教育工作。

一九二二年，在上海成立「三元奇術研究社」，披露章氏秘本。

一九二二至一九二五年，出版《大玄空路透》、《大玄空實驗》、《辨正新解》三書。

一九二五年，轉入新聞報，任編輯事宜。

一九二七年，任職安徽全省捲煙特稅。

一九二八年，任職北京交通部駐上海電料管理局。

一九二九年夏，在河南澠池縣遇江西修道人李虔虛道長，傳授玄空古義真訣，即「大玄空六法真詮」。

一九三〇年春三月，登報啟事，指出「其以前所學稱為大玄空者，於《易》理完全相背，實非玄空真旨。」並開始招生，函授「玄空六法」講義。

一九三六年，李虔虛道長卒。

一九三七年春，刊行《重註辨正心法講義》，並開始編註《地理辨正玄空述義》。

一九三八年，目疾加劇，諸小兒尚在求學，父母年居古稀，一門十餘口，生活澹泊。

一九四一年一月二日，兒子談國光與黃氏女結婚，時父妻尚在。

一九四三年，著《大玄空六法本義》，即《玄空本義談養吾全集》。

一九四六年，開始接受購書預訂，因八十部書的印刷費一千元太昂貴，而預購款項又未曾收到，以致遲遲不能出版。

一九四八年，得香港趙求是（景義）的有心擘劃，《玄空本義談養吾全集》得以面世。

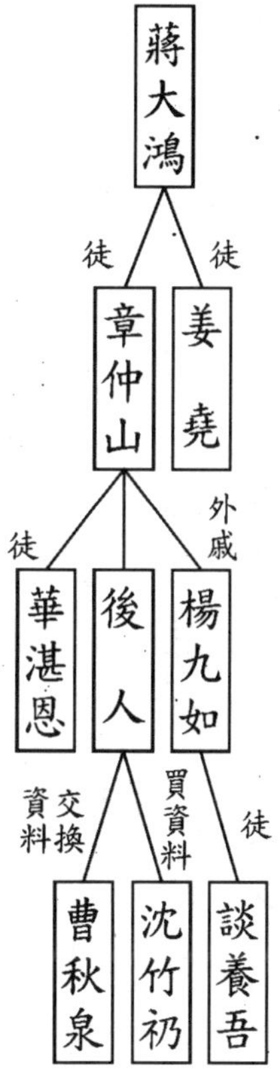

根據此關係圖表，可以對談

氏的師傅背景有粗略理解。

章仲山以蔣氏一脈聞名，談養吾早年創辦的「三元奇術研究社」，即以披露章氏秘本、傳授三元奇術作招徠，以收學員。

有關章仲山的為人，查看典籍，先有跟隨多年的弟子華湛恩，因久久仍學不到打劫法憤而退館。

次有章氏後人與曹秋泉交換訣法，雙方因相處日久，曹以《青囊奧語》第一節予章氏後人，章氏後人始答允解釋「七星打劫」之訣。此表示章仲山的後人於玄空尚未知《奧語》真訣，需要靠外人來傳訣交換。

比較著名的沈竹礽，在造訪章仲山後裔多次後，許以重金，感之以誠，才得借閱《仲山宅斷》。在沈氏所著及其後人輯錄之書中，並無提過楊九如的名字，足見楊氏的名氣、對玄空的學識實在是不甚了了。

從種種跡象看來，章仲山是一個守秘藏私的人，對自己的徒弟、後人亦不會傾囊盡授。而楊九如只是其外戚，對訣法又能有多深的認識？

跟隨楊九如的談養吾，在《談氏三元地理大玄空實驗》一書內，載錄有章氏部份稿本，憑藉與章仲山這丁點間接關係，令他於風水界薄具聲名。但他與章氏之關係如此轉折疏離，又豈會得到真訣！

觀其生平資料及著作，可見談氏心無定見，在玄空學理上的論據頗為片面，而且流於紙上談兵，實未足以語大道。同時，談氏跟隨楊九如足十二、三年之久，期間著書立說。隨後改跟李虔虛，並指出之前所學皆非。那麼，難道在十二、三年的時間中，談氏一直不知道自己所學的是錯？而他跟隨李氏只一年，便即知其學為真詮？究竟以何為論據？此點著實值得商榷。

十二、三年的時間，說長非長，說短非短。若談氏真的有實踐其理論並加以跟進，不幾年時間即知其學之真偽。既不知自己之所學，卻著書立說，著實令人懷疑他對「玄空六法」的理解程度、《全集》的可信性。

又，《玄空本義》成於癸未一九四三年，即談氏隨李氏只有十三、四年，但在其序中卻說：「養吾研究有素，得訣已居二十餘年。」真箇令人丈八金剛，摸不著頭腦，還是談氏不懂算術？

致玟在習玄空風水的很早期，曾於內部研討室就其論點作過一些簡短的批判，從文字間可窺出筆者的學習歷程。現將資料整理增補，輯錄成書，望讀者從中得到裨益。

乙酉初春　李致玟　書於淘書館

《致玟說玄空本義》目錄

引言　三
玄空本義敘——田四園　一二
序——李嘉露　一六
談氏大玄空六法本義全集序——錢漢平　一八
自序——談養吾　二〇
致玟說序　二四
編著凡例　三一
玄空啟蒙緒言　四一
談氏大玄空六法本義全集　五八
太極　五八

河圖 八一
洛書 一〇二
先天八卦 一二五
後天八卦 一三七
釋九宮九氣 一六〇
釋十字 一七四
論向 一八八
釋二十四山 二〇六
說葬 二一五
論宅兆 二二〇
論穴 二三六
論前後龍虎 二四四

辨山情水意　二五〇
辨龍穴砂水向　二五九
龍力長短辨　二六六
先後天體用說明　二七三
釋上中下要義　二八二
釋三大卦原理　二九五
釋孟仲季次序　三〇〇
結論　三〇三
總註　三一七
後記　三二一

玄空本義敘

玄學由來久矣，眾以為玄空為玄學，而不知其乃科學化之學術也。其論山水形勢，則地理學也；土質土色，則地質學也；佈局聚勢，力貴向心，則物理學之力學也；俯察仰視，成象成形，則天文學也；風水方位，陰陽沖和，則氣象學也；八卦九宮，三元兩片，則又不外乎數學也。

地理、地質、物理、天文、氣象與數學，人皆知其為自然科學矣。玄空地學闡明此諸學之體，而且習遠其用，不惟區此諸學之全，而且獨造其精。推而國之建邦經野，則有以知其興亡強弱；人之鐘靈毓秀，則有以知其質愚貴賤。是又兼有社會科學之用，謂非科學化，其可乎哉？

科學不離時間與空間，地學不外形勢與理氣。形勢之龍、穴、砂、水，論地之空間性也，其要在於合情；理氣之生、旺、衰、死，論地之時間性也，其要在於合時。

知形勢而不知理氣，則徒知龍、穴、砂、水，而不知其何時生旺，何時衰死，或不免衣裘於春夏，衣葛於秋冬矣。知理氣而不知形勢，則徒知生、旺、衰、死，而不知何地生旺，何地衰死，將不免拜夏宜葛而冬宜裘，而不知何為裘，而何為葛矣。惟形勢與理氣皆知，即空間與時間並重，地學之為科學化，蓋亦更無可痴。

科學必由假設與試驗而發明，地學亦經千百年前賢之假設與試驗而來，並非出於玄想、神話與迷信。惟非歷史之最久者，不足以假設試驗而成立；亦非文化之最高者，不知有此假設與試驗。此則我輩能之所以獨擅其奧，而非其他民族之所能知也。

秦漢以後，此學為帝王所私。而黃帝井田、已肇九宮，文王遷豳、文武都盟鎬，周公管洛秦、開秦淮以金陵王氣，則學本於陰陽宜忌。

漢唐以接，此學漸傳於世。而青囊黃石、管郭邱楊、曾賴與廖，哲人代出，絕學不止，以其關係甚大，故學心傳甚密。

可見之形勢，雖有諸子百家之書，而精微尚待於探討；不可見之理氣，又有三元三合之論，而真偽每難放判別。

近代雲間蔣氏，著述《辨正》，世所推為理氣正宗也。實則畫龍而未點睛，後之學者陷入於五里霧中耳。

武進談師養吾，專心致志於理氣之學者數十年，初宗無錫章氏，著書立說，風行於世。後遇西江李氏，始得玄空真傳，而知昨非今是，近著《玄空本義》，成一家之言，解天下之惑，救世之婆心，地學之正也。雖亦限於禁戒，不免神龍見首不見尾，然而提要勾玄，隱顯互見，衡諸蔣氏之書，遠為深切著明，善讀者可以玩索有得，好學深思者，可以心知其奧矣。

今者亂極必治，剝極必復，果能經邦之要，習符地學之理，則乘勢得時，地靈人傑，河山生色，人文蔚起，國運肇興，發揚光大，其作用之至重且大，寧可以道理計，是書之紙貴洛陽，亦不卜可知矣。

子以地學之為科學化之學術也，因其微敘所及，不計錄灌無文，謹抒所見，以告國人。

中華民國三十七年歲次戊子年七月壬戌朔越二十四日乙酉

陸軍中將古臨沮田四園謹敘上海市寓所

序

天地間萬事萬物，不外乎陰陽。用之於物質，則成科學；用之於理智，則為哲學。我國義文周孔，最先發明，原本科學、哲學並重之。《易》曰：「一陰一陽謂之道。」自古制器律曆，滴漏南車，無一不從陰陽中來。

近代世界交通，各國發明科學，專重物質，以為能制勝一切，可知無一非從陰陽哲理而形之於物質也。至於我國，則不特科學之落後，即陰陽哲理，亦將頻臨於湮沒之中。先覺而反為後覺，因循還延於不知不覺之中，殊為可惋。

武進談養吾先生，幼習經詩，兼善哲理，自得肇省李師薪傳以還，孜研探討，窮究於《青囊》、《天玉》各經之中。將歷年心得，積四十年之經驗，編著全集，發一則人之所未發，道前人之所未言，探原索奧，與《易》理息息相通，為近代地理理氣之模本，宗查找蔣，國章張，可為點之圭臬。

嘉露志切是道，每為研究有索者，莫不親身謀求。國難龍請談師後，人遇疑難處，廈廈請益，一承指示，奧理覺然，於是深知談師之所得，與世俗絕然不同。

談師著作發篋，以環境所系，無法付梓。如循各界之請，勉力行世，然綢繆非易，物力維艱。爰力允贊助，以覯厥成，藉利同好，事關學物，於仁人孝子，安親宅兆，不無禆益。謹於付梓之前，聊撮數語，以博大雅之正，是為序。

中華民國三十七年戊子孟秋江陰李嘉露敬序於申江旅次

談氏大玄空六法本義全集序

《易》曰：「天地定位，山澤通氣，雷風相薄，水火不相射。」此先天卦之八體。子母分施，演變而成後天卦，即世所稱「先天為體，後天為用」者也。亦即中國之古哲學，身心性命之學也。

嘗與昆山堪輿家劉雨農評論地理家著述，以劉麓岩《地理小補》為最為寶貴之書，余得而雀之。原本易理，辭義精深，洵為善本，了丑春。談師印行《重注辨正心法講義》，研究古玄空學！始知蔣氏《辨正》書，為地理正一不。惜蔣氏過於保密，讀其書者未能洞澈其義。

談師重注辨正中，指出《青囊經》讀法；次將八體之子母公孫、天地自然之理氣，詳細注解；後以《青囊經》、《青囊序》、《奧語》、《天玉經》、《寶照經》中所論之玄空、金龍、雌雄、挨星、城門、太歲等六法，列為「六章」，分別筆之於書。

理法俱備，並有圖表以明其理，使研究者有正道可循，不為邪說所混淆，其有功於社會國家，豈淺鮮哉。欲研究玄空理氣者，莫備於蔣氏《辨正》；而發《辨正》之祕奧，莫善於談師重注辨正心法。

即行將出版之《談氏大玄空六法本義全集》，談師據大易最古之哲學、河洛先後之卦理、八體子母公孫、宏布分施之精義，重行著述《大玄空六法本義》十大章，以示同好，萬利社會。實為研究理氣者之篇，版辨正者之門縫，仁人孝子不可不讀之書。余既知之，雖學淺陋，何得無言以宣揚之，使後學者，得之而讀其書，見仁見智，化裁取用，知所滴得矣。謹敘數言，亦諸卷首。

中華民國三十七年九月十九日太倉錢漢平謹序

自序

上古伏羲文王，書為先、後八卦，以示太極陰陽。河圖、洛書，交易、變易之理，分為體、用兩卦。其氣消長歷定，變化莫測，故顏之曰「易」，而《易》之謂「道」，一陰一陽盡之矣。所謂「大玄空學」者，亦無非《易》之道也。

先天為體，後天為用，此理氣中作法之體用也；窩鉗乳突，交錯織結，此形勢中作法之體用也。理氣之用，取其合時；形勢之體，取其合情。合時，則以卦氣修短，雌雄交媾，生旺衰死為主；合情，則以起伏高低，大小強弱，遠近向背為主。此不易之常理也。

迄乎今世，以言乎「用」，則三合長生、三元挨星、納水撥砂也。以言乎「體」，則龍穴砂水，不辨其真偽，莫識其主客也。

所以聚訟數千年，體、用二者，各是其是非，重用者往往失之於形勢，重體者往往失之於理氣，然二者並論，與其失體，曷著失用。得其體矣，而總有合時之一日；失其體矣，而永無合時之望，此權宜之分解也。倘能形氣兩全，自屬至當。

養吾幼年承家訓之合，為安先祖墓園起見，受於錫山一章氏嫡傳楊九如先生門下，得受「天心正運」——一二三四五六七八九，顛倒挨星之法，以為即所謂「大玄空法」者。數年後，歸而仍從事教育。

及民國八年己未來，任職交通部上海電報總局。常以暇晷，招人公開研究，作為消遣。當時四方有志於章氏直解一派者，紛至沓來，以為蔣、章一脈，闡發無餘。即養吾自身，以為公開淨盡，綱而刊印《大玄空路透》、《實驗》、《新解》等三書，以公同好，孰意欲求有濟，而反成障礙，所受「天心正運法」，實非古之玄空學也。

於己巳之夏，方遇李氏虔虛於滬上，再三請求，始授得「大玄空六法」真詮，始知一向所學稱為大玄空者，於《易》理完全相背，實非玄空真旨。而世之閱鄙前著各書，當然尚不知覺，其後尤氏著有《宅運新案》，榮氏著有《二宅實驗》，沈氏著有《沈氏玄空學》數書，皆以章氏墓附其後，為公開學術，救濟社會之旨，則彼此相同也。

養吾自得訣以來，既知初學之非矣，為學術計、為道德計，於庚午春三月，登報啟事。以冀有志於古玄空學，而誤於章氏天心正運者，得有更正之望，千百年之古學，不為鄙人等所誤。

迄今改轍研究者，固有其人；而抱先入為主，仍刻意於一二二四五顛倒論者，尚屬多數。大匠能以人規矩，不能使人巧，亦無可奈何也。

今特商請於李師，咸為若一見，仍按古訓，祕而不傳，不從事立說傳後，今而後，吾道不免有漂沒之處，於是允以擇善而授，以資流傳。著書立說，仍按古訓，得訣者一言立曉，不知者累囑難明。

天下無難事，有志事竟成，前後參閱，豈無登堂入室之路？蔣公對「看雌雄」一法，以「山與水相對」語，曾謂石破天驚、鬼當夜哭。細玩之，方知其一日，實已宣洩無餘矣。

養吾一本此旨，於丁丑事變以來，交通阻隔，鄉行絕少，數年編著，得成斯集，以冀挽救一則著公開章說之非，俾來者得以改弦求進。玄空古學，尚留一線之光，非求虛名，全為實學，諒有識者，定不以此為欺世也。孰是孰非，原理具在，罪我責我，在所不原。

茲姑以鄙人經歷，略略述之，顏曰《大玄空六法本義》以博一哂，還望後之研究者，精益求進之，是為序。

中華民國三十二年癸未仲夏

江蘇武進橫林五伯塘談浩然養吾自序於上海旅次

致玫說序

全本《玄空本義・談養吾全集》有序言四篇，三篇由談養吾的友人提筆，一篇是談氏的自序。

前三篇均指出玄空風水學實非迷信，乃科學化之學術，何以三者不約而同提出此論調？

這要從當時的歷史文化背景探討，自民國建立後，內有南北軍閥混戰，外有巴黎和會的外交失敗，加上民生困苦，令新文化運動引進的西方民主和科學思想，漸為國人接受。

再加上一九一九年五月四日爆發的「五四運動」，喚起了中國人民的民族意識和愛國熱情，改變了許多青年對傳統文化思想的看法——在文學上開始改用白話文、在哲學上抨擊儒家思想體系、在史學上推動疑古風氣等，對日後的思想和政治影響甚大。

五四運動以後，知識分子紛紛組織社團、出版刊物、進行演說，大力宣傳新思潮和新學說，廣泛涉及社會、政治、文化等領域，加深和拓展了新文化運動的範疇和影響。中國的傳統學術如風水、術數等被標籤為迷信，一窩蜂盲目的追求科學。

而三人亦深受當時的風氣影響，提倡科學精神，故把風水強加附會成科學化之學術。

科學精神是什麼？

與他們同年代的胡適先生認為：「科學的基本精神是尊重事實，尊重證據。」他提出「大膽假設，小心求證」的態度，認為凡事都應先大膽地作出假設，經過嚴密的推理，再小心尋找證據來證實。

因此，他反對缺乏根據的學說，並懷疑傳統的信念和古老的迷信。他認為沒有充份證據的信念或學說，應該加以懷疑。胡適認為科學精神不但表現在自然科學的研究上，在人文科學方面和為人處世上，也要充份發揮科學精神。他的學說對科學和文學兩方面有很大的影響。

哲學家唐君毅先生認為科學的精神是理智分析的精神，而「一切理智的分析，在開始點，都是剖開破分對象。」同時指出科學的精神是有其限制的。

在科學精神以外，尚有宗教精神、藝術文學精神、道德精神等。「科學的精神態度，與其他人文活動的精神態度不同，便可確定科學精神態度之原始限制。」科學理智分析的精神，是運用抽象的作用，只對事物或世界之某一面有所取；然亦有所捨，有所捨，即包含一原始之無明，對所捨者有所掩蓋。所以，科學精神之限制即在其未能對直接經驗世界，當下作一全幅之肯定。這是科學精神之先天限制。

簡而言之，科學精神是需要證據作為支撐的，當一些事物沒有一定的證據來證實其存在或真偽，或沒有充分理據來解釋其來源時，便會予以否定。然而，不單是玄空風水，甚至所有術數、占星術、宗教、萬物的存在及演化、星球的誕生等等，至今尚未有人可以對此有圓滿的解釋，能否稱這些為科學化？是否這些均不存在？況科學家每天也在推翻以前的科學理論，那孰是孰非？

就科學精神的定義而言，風水絕非科學化的學術，但也絕非迷信！科學精神有其先天限制，但在探討任何一門學問時，理智分析、看清事實、尊重證據、重視實踐的精神，是學習者應有的態度。術數從來真偽混雜，於研習時，更應抱此態度。

雖然至今尚未能圓滿解釋風水理論之由來，如：何以金木水火土是五行？為何有陰陽之分？但磁場、環境等對人有莫大的影響，卻是不爭的事實。而風水確能改變宅寓的氣機，則非人人皆知。必須經過親身的經歷、多人的實証交流，方能領會。

至於談養吾之序言，從行文中，可見談氏並非心存歪念的人。但從他的學習歷程看來，得知他純粹是紙上談兵的理論派學者，而且資質未允稱高，否則，不可能在十二、三年光景中未能分辨真偽。既然如此漫長的時間得出如此結論，單單一年的判斷，又豈可足信。

再從客觀的實際環境來分析，比較他的經濟能力，居然在學曉「正統風水」後較以前還要差，未懂時尚有能力出版數本書，學成後竟連成書的金錢也要由他人資助，究是何理？

或許有人會說是談氏的命差，非關風水的事，更會搬出蔣大鴻晚年四出籌募安葬費用一事來反駁。要知道蔣氏覓地安葬，是穿州過省、耗時經年的，所費不菲。即使在今天，也不是中上家庭能輕易負擔的。

相反，印刷書籍所費的一千元，差不多現在的十萬元，價錢雖然昂貴，但對稍稍有些經濟能力的人，儲蓄一段時間也能負擔得來。若談氏後期所學的是正宗，命再差也好，憑藉風水的力量，雖未至大富大貴，起碼也是小康，區區出版一本書籍，怎可能出現左支右絀的情況？怎可能出現未能收取預購訂金的情況？他於風水的水平，實在是不言而喻。

若言談氏的名氣，於當代是頗大的。但請留意一點，他的名望是因與章仲山有間接的關係而來，並非因「大玄空六法真詮」而致。

現代學習術數的人頗多，普遍知識提高了，資訊科技亦發達，但水平卻不甚了了。很多術數愛好者遍尋書籍，卻沒有反覆求證，只是博採眾長、囫圇吞棗。結果，書是讀多了，理論好像頭頭是道，其實似是而非。很多在實戰時，竟然連羅盤也不曉得用，慢慢變成只敢紙上談兵，壓根兒辨不出真偽。隨後每見有不同的理論學說時，便趨之若鶩，變成前後犯駁，愈學愈邪。

近世有名的風水師極多，但名氣與真材實學不一定掛勾。奉勸讀者不要過份慕名，必須冷靜分析其理論有否自相矛盾。即使是什麼嫡傳弟子，亦不足以證明他的實力。眾所周知，馬王所配的後代中，有青出於藍的，更多是邯鄲學步的。在術數界中，這情況更比比皆是。

俗語云：「風水師誆你十年八年。」風水的吉凶影響甚速，切勿被濫竽充數之偽師的花言巧語蒙騙。至真正需要延師相宅時，更要他解釋清楚佈局後的改變。

風水，不一定要看，正如身體健康的人無需看醫生一樣，但最低限度要懂得判別真偽，才不致被神棍的怪力亂神所欺騙。

乙酉初春 李致玟 書於淘書館

編著凡例

原文：

一本編命名《玄空本義》者，因玄空之旨，本由《易》理而來，發軔於義、文、周、孔，至晉郭璞、唐楊益，始有專書，故以古意名之。惟原理深奧，歷來闡注各異，得真詮者，近代除蔣公大鴻、劉公麓岩二者之外，殊不多見。

養吾研究有素，得訣已居二十餘年，茲特將《青囊》、《天玉》、《寶照》各經文，分節詳注，並將歷年心得，列為言語錄、他如研究錄等，亦共同付刊，共為一集，故名之曰《養吾全集》，以免日久混蒙，可知除本著之外，本人別無他集。

地理形氣各書，汗牛充棟。理氣除蔣公原注《辨正》及劉公《小補》

二者講玄空古義，此外別無他書。形勢則遠而張發微之《玉髓經》，近而袁守定《啖蔗錄》，二者最為切當，其餘雖不無可讀之書。然古今新舊，不勝枚舉，聊作流覽參考可矣，不若理氣之罕見也。

本編對於形勢，似少論列，然其旨歷來早經公開，全憑目力、足力，實地考證得之。得其體，然後再合其用，是以巒頭各點，毋須後人再加諄諄，故略而不贅，總之山有情、水有意，不一硎平洋、山龍，合乎「乘生氣」三字盡之矣。

是書專供已有普通基礎者研究之用，若初非讀蔣氏《辨正》玄空學識者，似難懂。至如研究《易》學者，為最易入門。

閱本編者，欲求深入堂奧，務從全部圖說注解，及各地覆信等統而觀之，則雖無師授，或可豁然貫通，一通百通，即所謂「得訣」也。訣也顯露，鄙特再擬之曰「父母生六子，六子為六子，六子為父母，六子為六子」四語，識得子母公孫、抽爻換象、坤壬乙之旨得矣，古玄空學之旨得矣，章派偽玄空，不辟自辟矣。

本編通訊研究各稿，只具覆信，未載來爾者，以當時各地來信，隨到隨覆。為簡便計，因無助手，暫留去爾稿，來信不及謄錄，乃事實也。又因時世變遷，研究中途停止，故稿件不足，閱者諒之。

附載各點，有與研究玄空方面不涉如追遠錄者，因出版之便，集而成之，以養紀念，今而後，年事日非，想來絕難再事編著，此為唯一之編著，或為最後之一集，未可知也。倘日後藉鄙人名義，編著成冊，而玄空用法，與本編貌合神離者，可決其為非，智者諒能別之。

一是書以表而言，似專在玄空理氣，似舍體而重用，實則辨正全部，在學有巒頭，形氣相須，殊無分離之理。世有舍形勢而用玄空理氣者，猶有陰陽而無萬物，有尊卑而無天地，有乾坤而無男女，有是理歟，不用有形之巒頭，而用無形之理氣，宛如痴人說夢。故世有養僕為不用巒頭者，楊公曰「看雌雄」，僕亦曰「看雌雄」，非巒頭而何，閱者諒之。

一地道以狹義言，本孝子仁孫安親之常識；以廣義言之，乃吾人福國利民之要旨。研究學術，本為代天宣化，《易》曰：「易為諸子作，是以扶陽抑陰。」僕曰：「地學何嘗不然，齊家立國者其鑒諸。」

致玟說：

巒頭與理氣互相配合，是玄空風水的不二法門。

理氣似難明，其實非難事，猶如數學一般，只要掌握其規律，很多的方程式一點即通。巒頭雖是實物，但遠近高低有不同，容易混淆，造成瞎子摸象，必須勤力的積聚經驗，方有所得。

不論是形與理，均與《易》學有莫大的關係。

以理而言，若爐灶位逢六白乾金，金被火燒，其應便在於頭、肺、骨。蓋於《易》象中，乾為父、為首等等，故被火燒時，便容易有頭痛、失眠、肺病、骨病等患。

以形而視，燈屬火，落地燈則成木火，至於大小不一的燈飾擺放在一起，卻變成坤土。因此，克應各各不同。

故欲學好風水，必先習《易》。現就《說卦傳》的八卦象義羅列如下，以茲讀者參考。

乾

乾，健也。乾為馬、為首。

乾，天也，故稱乎父。

乾為天，為圜，為君，為父，為玉，為金，為寒，為冰，為大赤，為良馬，為老馬，為瘠馬，為駁馬，為木果。

坤

坤，順也。

坤為牛、為腹。

坤，地也，故稱呼母。

坤為地，為母，為布，為斧，為吝嗇，為均，為子母牛，為大輿，為文，為眾，為柄。其於地也為黑。

震

震，震動也。震為龍、為足。

震一索而得男，故謂之長男。

震為雷，為龍，為玄黃，為敷，為大塗，為長子，為決躁，為蒼莨竹，為萑葦。其於馬也善鳴，為馵足，為作足，為的顙。其於稼也為反生。其究為蕃鮮。

巽

巽，入也。巽為雞、為股。

巽一索而得女，故謂之長女。

巽為木，為風，為長女，為繩直，為工，為白，為長，為高，為進退，為不果，為臭。其於人也為寡髮，為廣顙，為多白眼，為近利市三倍。其究為躁卦。

坎

坎，陷也。坎為家、為耳。

坎再索而得男，故謂之中男。

坎為水，為溝瀆，為隱伏，為矯輮，為弓輪。其於人也為加憂，為心病，為耳痛，為血卦，為赤。其於馬也為美脊，為亟心，為下首，為薄蹄，為曳。其於輿也為多眚，為通，為月，為盜。其於木也為堅多心。

離

離，麗也。離為雉、為目。

離再索而得女，故謂之中女。

離為火，為日，為電，為中女，為甲冑，為戈兵。其於人也為大腹。為乾卦，為鱉，為蟹，為蠃，為蚌，為龜。其於木也為科上槁。

艮

艮，止也。艮為狗、為手。

艮三索而得男，故謂之少男。

艮為山，為徑路，為小石，為門闕，為果蓏，為閽寺，為指，為狗，為鼠，為黔喙之屬。其於木也堅多節。

兌

兌，悅也。兌為羊、為口。

兌三索而得女，故謂之少女。

兌為澤，為少女，為巫，為口舌，為毀折，為附決。其於地也為剛鹵。為妾，為羊。

卦	數字	五行	顏色	人倫	性	身體疾病
乾	六白	金	白、金、銀	父	剛而動	頭、腦、肺、骨
坤	二黑	土	泥黃	母	柔而靜	腹、腸胃、消化器官
震	三碧	木	青、綠、啡	長男	勁而直	足、肝臟、語言能力、受驚
巽	四綠	木	青、綠、啡	長女	和而緩	股、頭髮、風疾、損疾
坎	一白	水	黑、藍	中男	浮而蕩	耳、腎、血、瞎眼
離	九紫	火	紅、橙、紫	中女	燥而烈	目、血液循環、心、三焦、燥熱
艮	八白	土	米白	少男	安而止	手、手指、鼻、糖尿、生石
兌	七赤	金	白、金、銀	少女	決而利	口、呼吸器官、金屬割傷

對《易》象有基本認識後，閱讀風水書籍倍感如虎添翼。然而有關形理的典籍雖多，真正可堪入目者極少，而且古書多以擬物比類為喻，容易令讀者望文生義，以致錯誤連連。

即如「山管人丁水主財」，坊間多誤認為是指形勢，以為見水便得財，其實此山水是指飛星盤內的山星和水星，視水星的生旺論財富，觀山星的穩定看平安。當然，還需要形勢的配合以斷吉凶。

山、水二字尚有其他解釋，如真山、真水，高地、平原，靠背、道路等等，不一而論，必須謹慎分析其實質意義，才免於誤解。

玄空啟蒙緒言

原文：

玄空者，包含三才，「大而無外」之謂也。合「一陰一陽之謂道」而言之，陰陽既判，雌雄顯象，而萬物生焉，於是萬物各具一太極，亦即各具一玄空也。

幾者發動之所由始，發於陰陽之始，是名「太極」。「太」指太始、化始為言，「極」者，陰陽之結晶，為萬物發動之端。小而無內，至微而不能顯，至動而不能遏。

玄空與太極，二者相需而不能須臾離也。一為化始，一為化成，而始與成之間，必具有一機焉。地理者，以有機而測其始，察其成者也。故列為六法，雌雄、金龍、挨星，測其機也；城門者，察其成也；太歲者，造化之循環，化成之休咎，吉凶消長循乎此，生旺衰死隸於此，已往將來，概可洞徹，形氣相感，息息相通；葬乘生氣，宅兆納氣，小而個人家庭，大而社會國家，人事之消長，國祚之隆替，莫不繫於形氣。

惟其原理深奧，洞究者雖歷古有人，而大都用於個人者多，而用於社會者少，兼之師師相傳，格於天律，祕而不宣，所以有唐一行之「三合偽法」，混蒙當世，楊公已稱百二十家，迄乎今茲，更為河漢矣，莫怪世之闢為迷信也。

堪為天道，輿為地道，乃天文地理之道。葬與宅兆，乃人事趨吉避凶之道，乃生養死葬之孝道，俗以風水名之者，即司馬溫公所稱「葬必擇水深土厚之地，乃避風避水」之謂也。南方風氣柔弱，北方風氣剛強，亦地理之道也。

地之結構，山為骨，水為血，而土為肉，一如人焉。凡體格魁梧，氣血強盛者，必精神勃勃，易成大業，衰弱者反是，其明證也。上古北方多產聖賢，而南方為少。上古人多壽考，物皆偉大，水流之暢達，地脈之旺盛，有以致之也；中古人煙稠密，水流漸淤，地脈漸阻。古今得氣之不同，所以智識品性，亦隨之而變遷，多水之地，每多豪富，多山之鄉，每多賢良，亦明證也。

地理以小者言之，類多江湖術士，若能以大者言之，實我國最古之國學與哲學。歷古以來，以深究原理者少，習俗於皮毛者多，潮流所繫，幾於不齒，殊可嘆也。迄乎今茲，外患內憂，重重交迫，奈何以不需之哲學而加以深究之哉，能參以一二者，亦不過一般窮賢宿儒，聊以塞責耳，莫嘆真道之勢將湮沒也。

歷觀發祥之地，其山水形勢，必合於情意。而大有可觀者，毋論陰地陽基，以及城鎮繁華之地，莫不自天然之形勢得來。推而至於人事一切，莫不與山形水勢，如影隨形。凡城市之熱鬧地帶，大都屬於上水，大以成大，小以成小，亦事實也。

其曰：「地理非實學，其誰信之？」世有以輿道與卜筮、星、相混為一流者，乃未加深究耳。江湖術士，邪說傍門，自在嚴禁之律。惜乎研究正宗者，乏人提倡，嚴加甄別，偽者去之，而合於原理者闡揚之，亦未使非救世救國之一途也。

設全國各地，處處將水流疏濬暢通，村落城鎮，並於土木建築上，詳加規訂，新舊墓地，從事整飭，合於形氣哲理方案者，並合於新文化、新生活者，推而至於新衛生、新教育、行政防衛，在在可以步文明之後塵，反弱為強，乃易事耳。以全國人民之精神，成全國處處之模範，以立萬世之基業，一舉全得，永世不朽，此即地理大者也。

以小道而成大業，全在乎用處之得其宜，與失其宜耳。得其宜，則為實學；失其宜，則跡近於迷。兼以地理真理，知者絕少，而一般信之太過而著迷者，最易受人所欺。又以其事簡而非繁，陰地為父母祖宗者，亦不過一次，既安而後已；為居住而興土木建屋宇者，生平能需要幾次，人生能力，能有幾人，所以大都假手於人。非其他如醫道之紛繁，藥性病症，大都人有常識，於事且繁，而不至受庸俗所欺，此地理之所以必欲徹底研求也。

求者何？為孝道安親也、為趨吉避凶、保身保家、產賢能，輔忠良、利社會、安國家也。

人民多賢良，社會自安寧，君子多而小人獨，非風氣地理之所繫乎？

周祚卜洛遷豳，相陰陽、觀流泉，皆兆於此。

惟地理之理，繫於河洛、先後天八卦之理，哲理深奧，原與易理相通，朱子於易纂述啟蒙者，以易理之更難詮釋也。

僕以玄空學特著以啟蒙者，亦以原理之不易暢曉，恐易誤於邪說耳，茲先從河洛、先後天卦理說起，亦發蒙初學玄空者，知其運用耳。按河洛卦理，數千年來，先聖先賢，迭加闡注，均未能變更其位次與卦數，要知天地陰陽不易之理，莫不均寓於此。

不易者，數與卦之取捨；所易者，氣與時之消長。識得氣與時之消長，便合先聖先賢之卦理。若世俗偽法，往往以後天之洛書九數，任意顛倒，忽東忽西，忽南忽北。有時陽順，有時陰逆，於先聖先賢河洛卦理中，別具一天，另闢一理，以為地理之作法，南轅北轍，殊深浩嘆，彌漫當世，將何以堪。

僕既誤於前著，而復悟於後師，知之而不言不辨，是為自欺；既言既辨之而不徹底，是為欺人。識者諒能見原之，不知者或猶以為自炫其說，知我罪我，無從計議，我行我素，直而筆之，還望於世之明達者。

致玟說：

《易》學是中國逾千年的文化，由未有文字之先，一直流傳下來。因為《易》卦本身只是符號，可以作多方面的解釋，所以各種學術或非學術，均可援以入《易》，令《周易》變成一部包容性最廣，同時最具有多層向度的書。

翻本尋源，《易》之初，相傳是由伏羲所作，當時尚未有文字，只有卦爻，為占筮之用。

至周文王囚禁於羑里，將三畫卦重為六畫，是謂「六爻」，把八卦演變成六十四卦，再加上卦辭來釋義，仍為卜筮之用。

自此，卦旨乃大明，於是有孔子贊《十翼》的出現，以文字作全部《易》之貫攝。由是，《易經》由占筮之書變成具哲學思想之聖言。

《說文》：「卦，所以筮也。從卦圭聲。」

《儀禮・士冠禮》：「筮與席、所卦者具饌于西塾。」

由此可見，《易經》的根本作用是占筮，哲學、堪輿、數學、天文、醫學等只是其衍生出來的副產品。談養吾在文中提到：「世有以輿道與卜筮、星、相混為一流者，乃未加深究耳。」未深究的，恐怕是談氏。

《易》是用象與數表達思想的書，而卦、爻便是工具，用以表現天地萬物之性質與變化的符號。《周易》的基本概念是陰陽、變通，既指天地自然的變化，也指蓍與卦爻的變化。

《說卦傳》說：「觀象于陰陽而立卦。」

韓康伯注說：「卦，象也；蓍，數也。卦則雷風相薄，山澤通氣，擬象陰陽變化之體。」

程頤《易序》說：「卦者，陰陽之物也。」

「體」與「物」皆指象而言。

玄空風水之學理便由陰陽、變通的概念而生，體用、理氣、形勢等等，就是象數的表現。

「三才」，即天、地、人。

倫理中，天是政府、父母，人是自己、平輩，地是下屬、子女。

人事上，天為時間，地是環境，人則居中，隨時間、環境作出適當的進退。

《易・繫辭傳》：「古者包犧氏之王天下也，仰則觀象於天，俯則觀法於地，觀鳥獸之文，與地之宜，近取諸身，遠取諸物，於是始作八卦，以通神明之德，以類萬物之情。」

由自己做中心點，仰觀、俯觀，近取、遠取，是包含了上、下、四方的「三度空間」；「觀鳥獸之文，與地之宜」，則又有時間的概念。

人類既是由天地所孕育，生存及活動的空間又在天地之間，因此，必須順應天時，合乎地宜，才可以趨吉避凶。

《易・繫辭傳》：「一陰一陽之謂道。」一畫成爻，爻分⚋陰爻及⚊陽爻，三畫成卦，上爻為天，中爻為人，下爻為地。

八卦正位圖

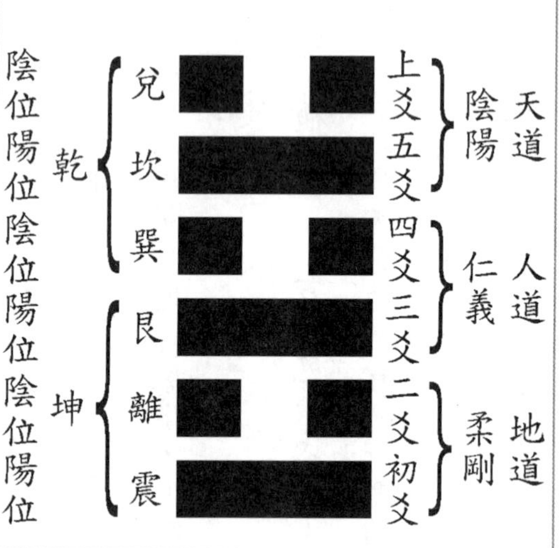

重之而成六畫卦，初、二兩爻屬地道，以視柔剛，如同地理之有水陸、險夷。三、四爻為人道，表仁義，如同人類之有男女、貴賤、尊卑、善惡。五、上爻是天道，象徵陰陽，如同天時之有晝夜、寒暑。即「三才」之道。

不論《易》學、風水、人類、動物，甚至於死物，均有陰陽之別。如插頭、電極、天氣等，也有陰陽之分。五行亦復如是，其實也即是剛柔之差異而已。

近期三元九運圖表

元	運	年份
上元	一	一八六四至一八八三年
	二	一八八四至一九〇三年
	三	一九〇四至一九二三年
中元	四	一九二四至一九四三年
	五	一九四四至一九六三年
	六	一九六四至一九八三年
下元	七	一九八四至二〇〇三年
	八	二〇〇四至二〇二三年
	九	二〇二四至二〇四三年

放諸玄空風水，時間又可引申為上、中、下三元，每元有三運，每運二十年，三元九運，合共一百八十年。

環境則推為方位，每方位為一卦，一卦分三山，成二十四山，各有陰陽之別；每山再分三卦，依陰陽而視有否出卦。

羅盤基本制式

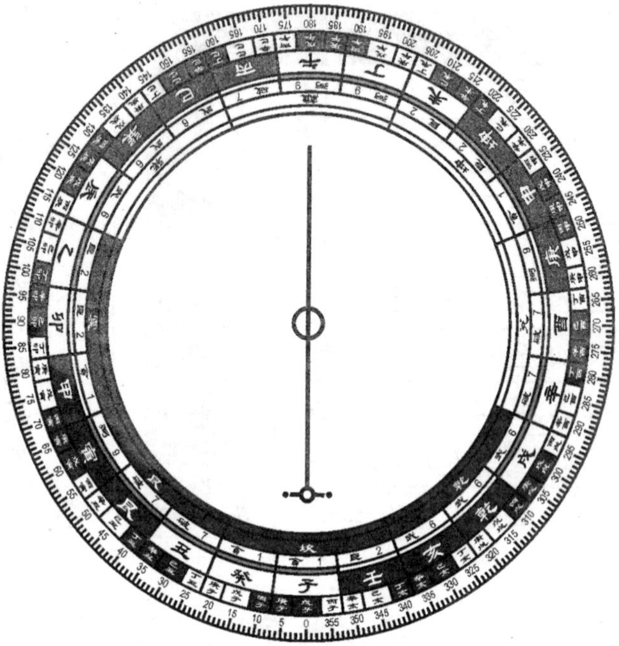

圖中以黑色反白之處代表陽，相反屬陰。如壬山丙向兼子午，壬屬陽，兼線的卦位屬陰，兩者陰陽不同，因此需用替卦。

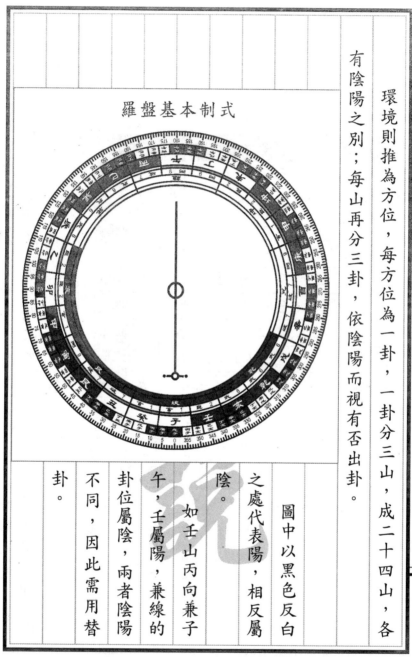

人則生活在時間與空間之中，利用風水以達致「天時，地利，人和」。

在「緒言」內，談養吾提到欲以風水之術作城市規劃，令國家強盛起來，使人民生活得溫飽，足見其志向之偉大，著實令人敬仰。

他列舉出上古北方多賢良，南方多豪富，中古因人煙稠密，水流及地脈受阻，令人的知識品性有所變遷，從而指出山水對人的影響。

無疑山水能影響人類及生物的生活，但這是從生態環境的角度而言，與風水的關係反而較次。

上古的交通網路尚未開發，北方天氣寒冷而且多高山，不適宜種植，故人民以狩獵、放牧為主，由於交通不便，少機會接觸外界，商業貿易渠道狹窄，資訊落後，令經濟不能發達，形成自給自足的情況，得溫飽的生活已不容易，思想、民風自必然較純樸。

相反，南方氣候溫暖多平原，土地肥沃，適宜耕種，人民遂以務農為主，沒有高山的阻隔，往來較方便，交通貿易因此發達，經濟得到發展的空間，資訊往來頻繁，人民生活自然富足，在毋須擔憂糧食的情況下，才可以奢侈的追求知識、娛樂等。

這是交通網路所使然，非關係於真山真水。

試放諸於現代，北極有高山，四面圍海，但交通異常不便，人民豈會富足？新加坡是一個小島，沒有高山，但民風卻比香港純樸，這是政府的教育制度所影響。

城市規劃是必須的，河流、渠道的改善工程是務須執行的，山坡的維護也是事在必行的，但在玄空風水的角度上，城市規劃所重的山水，並非真山真水。

風水，可分為陽宅和陰宅，陰宅所重的是形勢，是真山真水；陽宅的形勢卻非指真山真水，而是座山和水路。玄空又有大、小玄空之別，大玄空視國家、城市的大趨勢，小玄空看一宅一寓。

姑勿論是城市或宅寓，皆以得水為先。「水」，即水路，也就是交通。一個地區的繁盛與否，與交通網路的規劃關係極大，這便是水路。在網路完善的區域，經濟自然發達。

曾經有一段時間，地師們指填海地的風水差，因地氣未深，須待三數年才可興旺，此說在當時某程度上是正確的。十數年前，政府的規劃不如現在的完善，當土地不敷應用時，便移山填海闢地建設新市鎮，解決了市民的居住問題，卻沒有足夠的教育、交通配套，新市鎮與窮鄉僻壤無異。

但時代進步了，現在政府學曉了與私營機構合作，在擬定發展某一區域時，同時聯絡運輸機構、發展商等等共同參與，一俟房屋落成，在未入住前，已有完善的配套。不消一年時間，新市鎮已經發展得很蓬勃，如香港的將軍澳，單位呎價已漲了一大截。

地球每分每秒在轉動，世界瞬息萬變，玄空風水也要因時制宜。學理的大原則不變，但於實際操作時，需要有一定的調校。亦因此，令大家更清楚瞭解古籍所引用的詞語，很多是代名詞，非指實物。若以為是實物，在應用時，必致抓破頭皮也想不出所以然來。

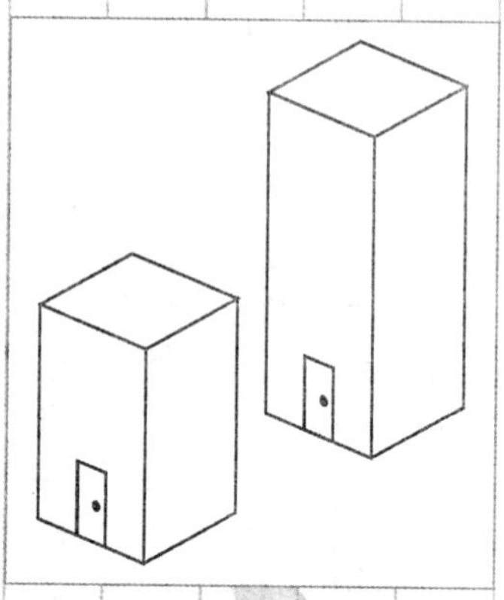

如圖中並沒有山，但後面的一幢樓宇比前面的高，對於前面的樓宇而言，後面的一幢便是山。

至於談氏的「玄空六法」，題目依次為「玄空、雌雄、挨星、金龍、城門、太歲」，其實只是把所有玄空典籍內曾提及的項目分成六法而已，並非新的題目。但談氏於解釋時，卻對錯混雜，變成好像很有道理，細審之下便知謬誤百出。尤其於實際應用時，更見其弊。

不管是任何門派的風水，均需經過不斷的實踐徵驗，才知道其學理是否正確，自己是否真的通曉。若有人表示學懂及應用了一加一等於二有十二、三年的光景，突然在一年間完全推翻，廣宣一加一應該等於一的理論時，大家認為其可信程度有多高？

玄空風水並非萬能，不可使垂死之人痊癒，也不能令人享有免費午餐。但卻可改變人的心情、思路、身體狀態，從而達致安居樂業的目的。這便是致玟經過多番實証的體會。

談氏大玄空六法本義全集

太極

原文：

「太極」者，上推太始、太古之初，即有此「極」之詞也。「極」者，一也，幾也，始也。

天地有此幾微之機，發而成萬物，萬物之所由始、所由起者，以有此極也。所以天地萬物，凡有生機者，莫不有此極，云「物物一太極」者是也。失其極，即無物矣，周子曰「無極而太極」者，非先有無極而後有太極也。曰「無極」者，乃文詞上推而上之，至於有始之時，即有此極之謂也，謂之曰「形容詞」也亦可。

既有極矣，而後陰陽分、天地定、山澤通、雷風薄、水火不相射，放之彌於六合者此極也，卷之藏於密者此極也。

放之則大而無外，謂之「玄空」；卷之則小而無內，謂之「太極」。一屬始，一屬成，無始則不能成，無成則無始矣。北辰者，天極也；地軸者，地極也；中央者，人極也。

地理以「葬乘生氣」為言，亦極也，鍾靈毓秀，聚精會神，均繫於此。既乘生氣，而後萬物化育，氣感及於後人；生氣不乘，則精靈不安，遺骸易朽。

經云「先看金龍動不動」者，生氣形於中，必能現於外，無以名之，故曰「金龍」。山水各有金龍，金龍既辨，生氣易乘，陰陽自然相見；不識金龍，則生氣莫辨，焉能辨其極與不極哉？語云：「三年尋龍，十年點穴。」即極也。極之用、極之義，大矣哉。

陰地重在乘氣，已如上述；陽宅則以納氣為重，而乘氣次之。

陰地之極，只有一而無二；陽宅則隨間論間，間間有極，層層有極，有總極、有分極。總極關於全宅，分極則關於各間、各層、各進、各自得失，即「物物一太極」之意。以主人居住之所為一極，各人居住之所，則各人為一極。極既分清，八方納氣，在在各殊，所以各人之吉凶悔吝，各各不同也。

納氣關於一時，乘氣關於永久，能兼籌並顧，最為全美。即陰地雖重乘氣，而納氣尤不能不兼顧。世分為巒頭、理氣者，乘氣即巒頭，納氣即理氣也。乃地理作法中取捨之不同耳。

識得人極，便知用法。有人即有極，無人即無極；有極則有八方宜忌之辨，無極則無方無體，周其花甲，均無所論其宜忌矣。先至為主，後至為賓，主者極也。後至而與極無所顧忌者，則吉而利；後至而與主之前後左右方位不利者，必主為主者多凶，與後至者不涉也。

世以年神方位論短長者，識得此極，便知吉凶，此一時之極、一年之極也。至如永久之極，趨避宜忌，已如前述，一以觀之，當知輕重矣。

致玟說：

太極，是中國古時的宇宙觀。宇宙一詞，在古籍中早有記載。

莊子《知北遊》：「外不觀乎宇宙，內不知乎太初。」

莊子《庚桑楚》：「有實有無乎處者，宇也；有長而無本剽者，宙也。」

唐陸成玄英《疏》：「天地四方曰宇，往古今來曰宙。」

淮南子《齊俗訓》：「往古來今謂之宙，四方上下謂之宇。」

根據諸子的解釋，「宇」是就物體所處的方位，上下四方的一個「三維空間」。「宙」指在古往今來的時間裡，事物的變化和歷程。兩者不可分割，當脫離了空間，時間將無法獨立存在；同理，沒有了時間，排列於空間的萬物將無法生存。這個概念，正正與「玄空」不謀而合。

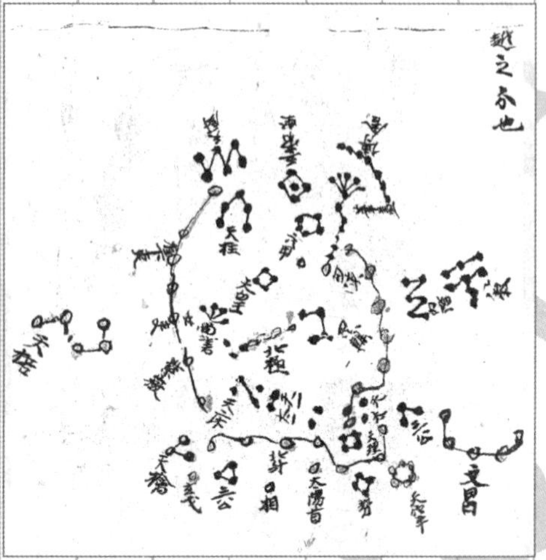

最古老手繪星象圖

據法國天文學專家研究，這幅來自中國西部古城敦煌的星象圖，繪製時間約在西元七世紀，是目前全世界最古老的手繪星象圖，且其精確度至少在文藝復興前獨步全球，堪稱天文學領域最重要的寶藏之一。

《疏》：「太極，謂天地未分之前，元氣混而為一，即太初太一也。」

太極圖

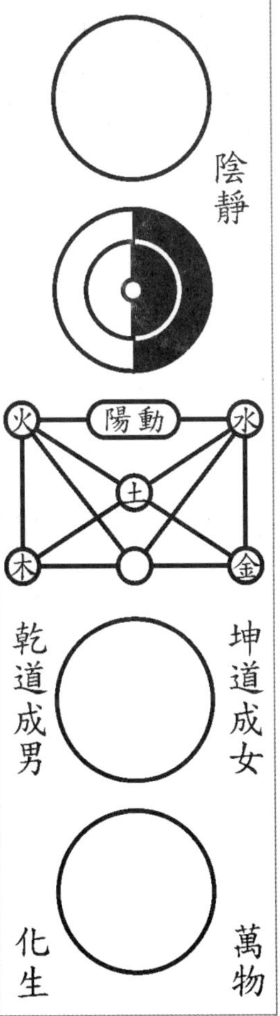

世間本是混沌一片，不存在任何東西，也沒有時間，是為「無極」。後有陰陽之分，陽氣輕清上升而成天，陰氣重濁下降而為地。陰陽復生五行，即金、木、水、火、土，萬物由是而生。

「無極」，是否真的代表不存在任何東西？

在我們周遭存在著很多事物，由親人至朋友，由家居到城市，由本國到世界各地，再將距離拉遠一些，在脫離地球的限制下繼續觀察，範圍就變得非常遼闊了。

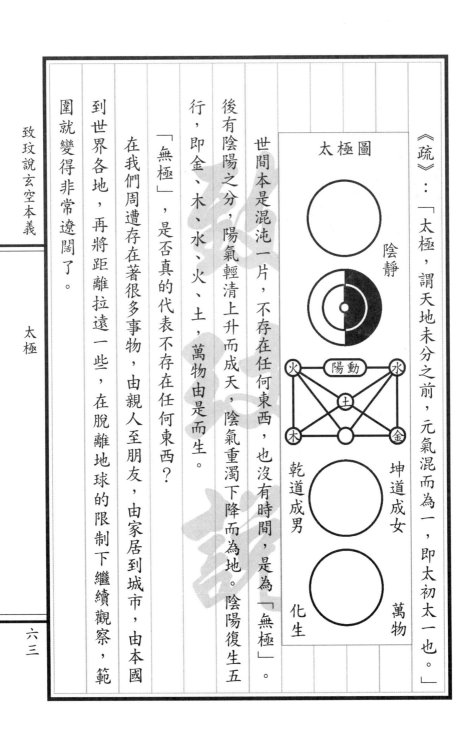

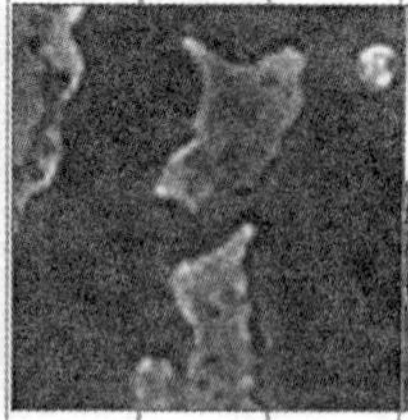

假設由地球上方一百公分的距離來觀察，我們可以清楚見到一個人。將人類設定為一百公分的大小，縮寫成10^2公分。

將距離拉高至一百倍於人類時，縮寫為10^4公分，所能看到的範圍可以容下一個棒球場。

再拉高一百倍時，縮寫為10^6公分，可見到一座山。

再拉高一百倍時，縮寫為10^8公分，可見到半個日本列島。

拉高至10^9公分，可見到整個地球。

10^{11}公分時，可以看到地球周圍的月球軌道，正式超出地球的範圍。

10^{13}公分時，可以看到以太陽為中心到地球附近的部份太陽系。

10^{15}公分時，完全覆蓋整個包括冥王星在內的太陽系。

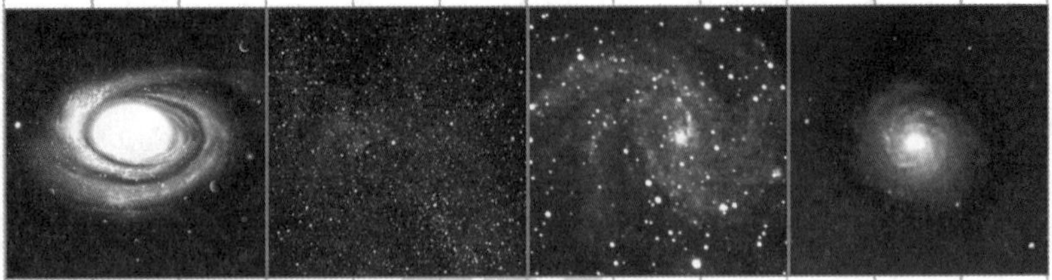

10^{17}公分時，所看到的太陽和附近的行星好像聚集在一起了。

10^{19}公分時，隱約地看到鄰近的星球，自此進入恆星的世界。

10^{21}公分時，看到成千上萬的星球分佈。

10^{23}公分時，可以看到整個銀河系。

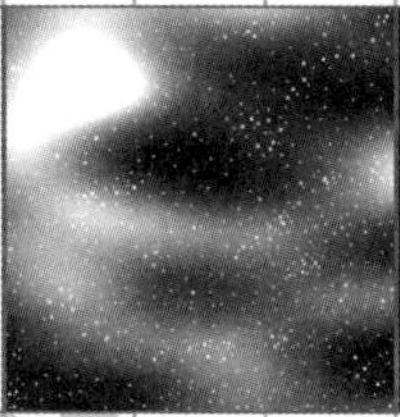

10^{25}公分時，銀河系或仙女座星系等本星系群均變成了點狀，同時可以看到室女座星系團等星系的聚集。

10^{27}公分時，幾乎已涵蓋了利用目前的觀察技術所能看到的星系及類星體（星系的一種）。

10^{29}公分時，所能看到的是沒有那麼大的空間，呈現的是一個不可思議的虛無空間。

從現代的科學看到，當距離拉闊至無限大時，我們肉眼所見到的是什麼也沒有，但這個沒有並不表示不存在任何東西。從而引申，「無極」並非表示沒有東西，只是一個極宏觀的狀態。相對於渺小的人類而言，這個虛無空間對大家並不存在實際意義。

將範圍縮窄時，以微觀的角度而視，以一個人為中心點，四周的事物在合乎一定的主觀條件下，對他才會造成影響。故當萬物為無用之時，則為「無極」。如聲音，聾子因為聽不到，即使周圍環境如何嘈雜，對他亦沒有絲毫影響。

《青囊經》：「無極而太極也，理寓於氣，氣囿於形。」

《易・繫辭上傳》：「易有太極，是生兩儀，兩儀生四象，四象生八卦，八卦定吉凶，吉凶生大業。」

這是對宇宙萬物的生成變化作層級式根源性的推論與探討所獲得的最後依據。太極是遍生在萬物中的形而上之道，陰陽動靜則超越形而上的規範，是形而下之氣。對萬物而言，它是永恆不變的「共相」，但由於受氣有多寡之別，遂構成萬物的「殊相」，均具暫時性和變化性。

八卦衍生圖

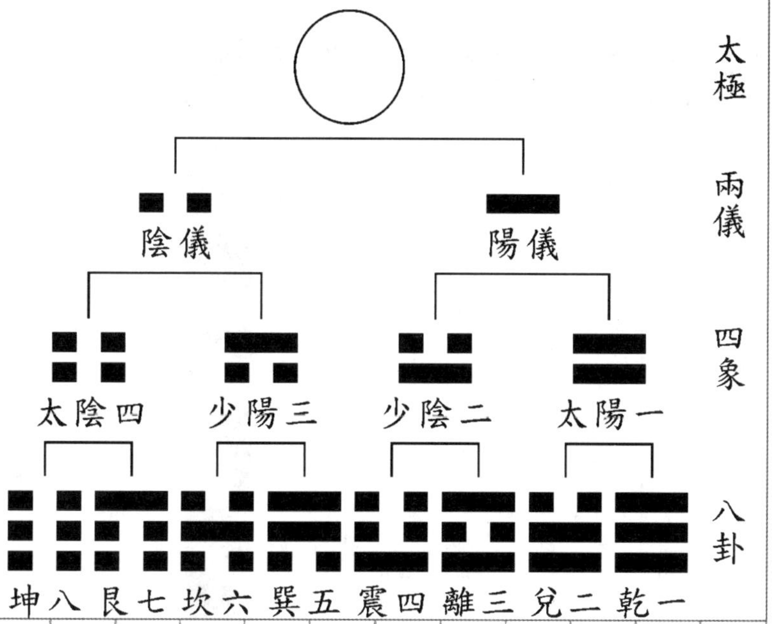

由陰陽的相交，而八卦生成。

如附圖所示，八卦的衍生，成等比級數的分化，與生物的細胞分裂一樣，在這個分化或分裂的歷程中，存在著「時間」的因素。

由此可見，八卦所包含的有「時間觀念」和「空間意識」，是「三度空間」的表現。

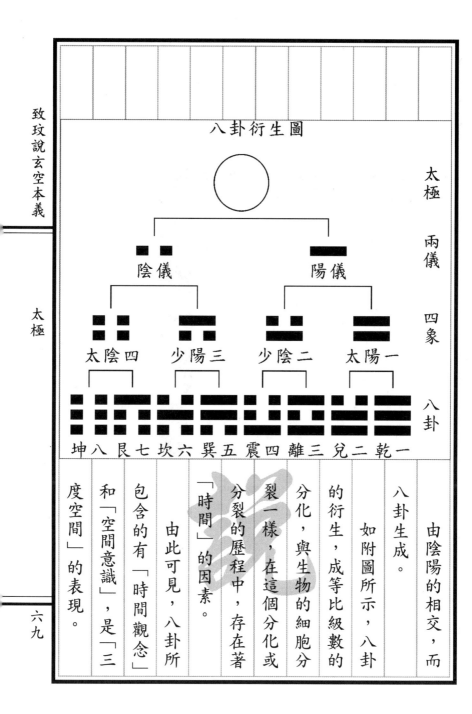

八卦，即乾、坤、震、巽、坎、離、艮、兌。代表八方，有先天八卦及後天八卦，彼此所屬之方位不同。而每一個卦象又有其所屬的五行，同時代表著萬物。

先後天八卦方位表

	八卦	象徵	五行	先天八卦方位	後天八卦方位
☰	乾三連	天	金	南	西北
☷	坤六斷	地	土	北	西南
☳	震仰盂	雷	木	東北	東
☴	巽下斷	風	木	西南	東南
☵	坎中滿	水	水	西	北
☲	離中虛	火	火	東	南
☶	艮覆碗	山	土	西北	東北
☱	兌上缺	澤	金	東南	西

這八個符號，代表著不同的自然現象，由陰陽的相互往來，對列而成八個方位。

《說卦傳》：「立天之道，曰陰與陽；立地之道，曰柔與剛。」

「陰陽」，前者為凝聚，後者為發射，象徵所有事物的相對性。天地間的一切事物皆是相對的，如有天必有地，有山必有水，有日必有夜，有男必有女，有吉必有凶等等。因此，六十四卦是以兩卦為一組的排列，其中相錯四組，相綜二十四組，相錯相綜四組。

相錯：

䷀ 乾（乾下乾上）	䷁ 坤（坤下坤上）
䷚ 頤（震下艮上）	䷛ 大過（巽下兌上）
䷜ 坎（坎下坎上）	䷝ 離（離下離上）
䷼ 中孚（兌下巽上）	䷽ 小過（艮下震上）

相綜：

屯（震下坎上）　蒙（坎下艮上）

需（乾下坎上）　訟（坎下乾上）

師（坎下坤上）　比（坤下坎上）

小畜（乾下巽上）　履（兌下乾上）

同人（離下乾上）　大有（乾下離上）

謙（艮下坤上）　豫（坤下震上）

臨（兌下坤上）　觀（坤下巽上）

噬嗑（震下離上）　賁（離下艮上）

剝（坤下艮上）　復（震下坤上）

無妄（震下乾上）　大畜（乾下艮上）

咸（艮下兌上）　恆（巽下震上）

䷠ 遯（艮下乾上）

䷢ 晉（坤下離上）

䷤ 家人（離下巽上）

䷦ 蹇（艮下坎上）

䷨ 損（兌下艮上）

䷪ 夬（乾下兌上）

䷬ 萃（坤下兌上）

䷮ 困（坎下兌上）

䷰ 革（離下兌上）

䷲ 震（震下震上）

䷶ 豐（離下震上）

䷸ 巽（巽下巽上）

䷡ 大壯（乾下震上）

䷣ 明夷（離下坤上）

䷥ 睽（兌下離上）

䷧ 解（坎下震上）

䷩ 益（震下巽上）

䷫ 姤（巽下乾上）

䷭ 升（巽下坤上）

䷯ 井（巽下坎上）

䷱ 鼎（巽下離上）

䷳ 艮（艮下艮上）

䷷ 旅（艮下離上）

䷹ 兌（兌下兌上）

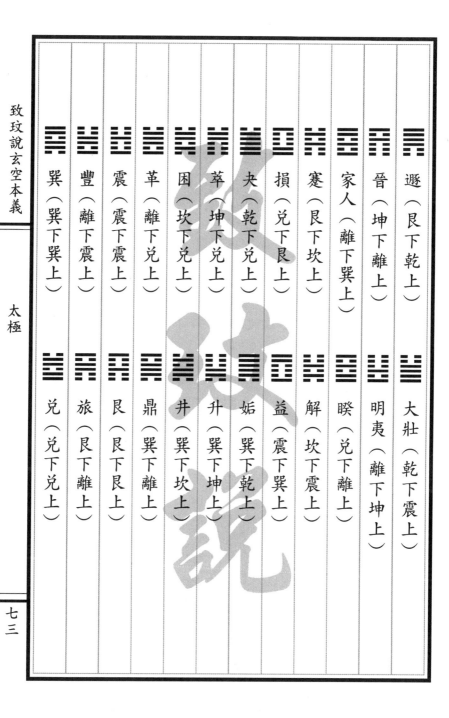

䷺ 渙（坎下巽上）　䷻ 節（兌下坎上）

相錯相綜：

䷊ 泰（乾下坤上）　䷋ 否（坤下乾上）

䷐ 隨（震下兌上）　䷑ 蠱（巽下艮上）

䷴ 漸（艮下巽上）　䷵ 歸妹（兌下震上）

䷾ 既濟（離下坎上）　䷿ 未濟（坎下離上）

六十四卦所體現的，是陰陽的相互往來，這往來，又存在著時間的因素在內。由於時空具有不定性，因此存在於時空中的萬物，亦會隨其變化而變化，從而有生旺衰死。

故此，當萬物有起用時，即分為陰陽剛柔，便是「太極」。

相同是聲音，對聾子沒有影響，但對聽力正常的人而言，嘈吵聲或是悅耳的樂曲，便引發不同的心情。此即說明萬物本無吉凶好壞之分，惟當起用之時，方可論其吉凶休咎。

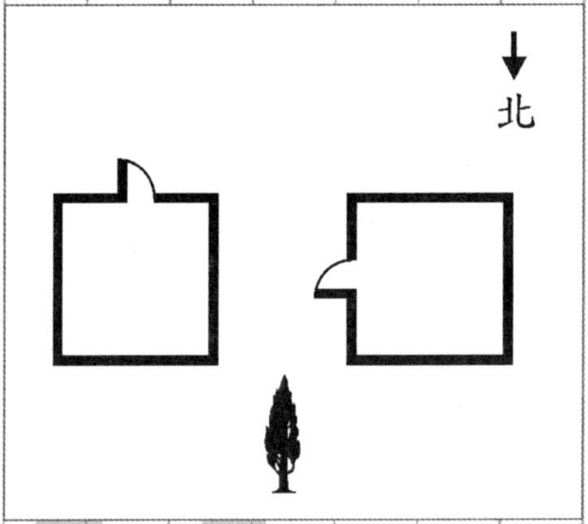

如一片空地，本無方位、吉凶可言，當建築了樓宇，樓宇才因門戶而有座向之分，如圖示，左面是座北向南，右面是座西向東。同一棵樹，對於兩幢樓宇而言，方向亦不相同，此為東時彼為西，此為旺時彼為衰，樹並沒有移動，但其用之不同，克應自是不同。

明此，即知道一切皆本著互相比較的道理。

《青囊經》：「陽以相陰，陰以含陽；陽生於陰，柔生於剛。」

又云：「陰以陽朝，陽用陰應，陰陽相見，福祿永貞，陰陽相乘，禍咎踵門。」

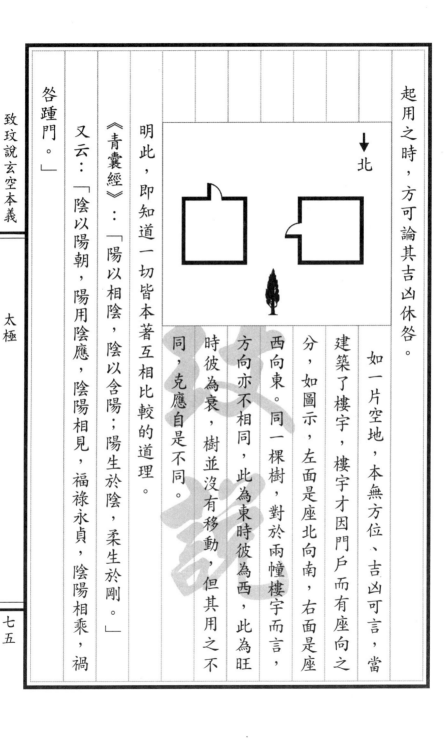

《青囊序》：「楊公養老看雌雄。」

在玄空風水上，陰宅與陽宅的相法有別，陰宅重「乘氣」，陽宅重「納氣」。然而，二者均須看陰陽之起用，亦是堪輿的一大原則。

陰陽，為先天本質，為氣，屬陽，是體，故稱「金龍」。陰陽起用後為後天，即雌雄，為質，屬陰，是用，為後天安星。不論先天本質如何好，若不起用，只是死陰陽；起用後，即變為雌雄，方允稱有生氣。

陰陽起用之兩極，為盛與衰。

如七運時，七為旺，八、九為生；八運時，八為旺，九、一為生，七為退。故二者以相應為吉，相乘為凶，要與時空相應，時即三元九運，空即二十四山的座向，得元運之座向為相應，失為相乘。

故同一幢大廈的單位，戶戶座向不同，外局環境不同，吉凶便有所不同。單位內的房間，由於門口位置不同，克應亦有分別，此即「納氣」之別，又稱為「分房」。由此可以說明何以一幢大廈，有些單位發富，有些則災禍連連。

三元九運衰旺表

元運	卦	五行	生旺星	衰死星	輔助星
一白	坎	水	一、二、三	四、五、八、九	六、七
二黑	坤	土	二、三、四	五、六、七、一	九、八
三碧	震	木	三、四、五	六、七、八、九、二	一
四綠	巽	木	四、五、六	七、八、九、二	一、三
五黃		土	五、六、七	一、三、四	九、二、八
六白	乾	金	六、七、八	九、一、三、四、五	二
七赤	兌	金	七、八、九	一、三、四、五、六	二
八白	艮	土	八、九、一	三、四、五、六、七	二
九紫	離	火	九、一、二	五、六、七、八	三、四

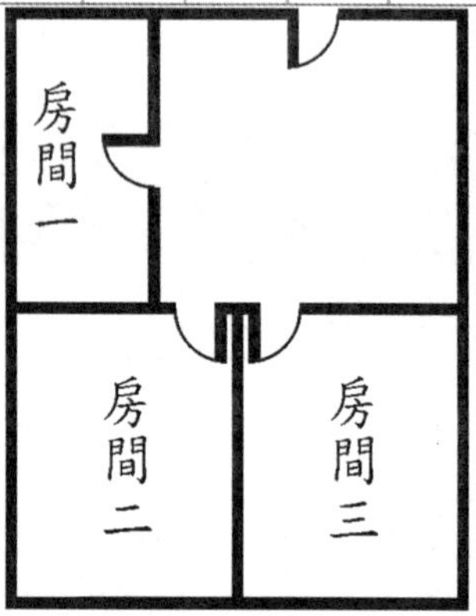

此宅為八運的子山午向，是雙星到向之局，大門設在離宮，乃八白旺星飛泊之處，本主財運亨通。但三個房間的門口位置有別，克應因此不可一概而論。房間一的門口盪卦成「水天需」，生入，主智慧、科名。房間二的門設於「天水訟」，生出，主人日夜辛勞工作，但徒勞無功。房間三的門則是「風雷益」，比和，雙木成林之象，主人昧事無常。門口納氣之重要，由此可見一斑。

納氣所重的是與時間相配合，因此，即使單位的座向一樣，而外局環境、單位格局、室內佈置等等完全相同，但吉凶亦可懸殊，這是「天心」不同所致。

子山午向
● 雙星到山
● 山星合十

4 1	8 6	6 8
6	2	4
5 9	3 2	1 9
5	7	9
9 5	7 7	2 3
1	3	8

子山午向
● 雙星到向
● 城門巽

3 4	8 8	1 6
7	3	5
2 5	4 3	6 1
6	8	1
7 9	9 7	5 2
2	4	9

如換上七運的子山午向，房間一盪卦成「風水渙」，生入，但四巽木於八運時已退氣，生入也不許為吉，主人容易招惹不良的桃花。房間二為「山天大畜」，生出，主人進財健旺且愛花費。房間三則是「水風井」，生出，主人喜交際應酬。

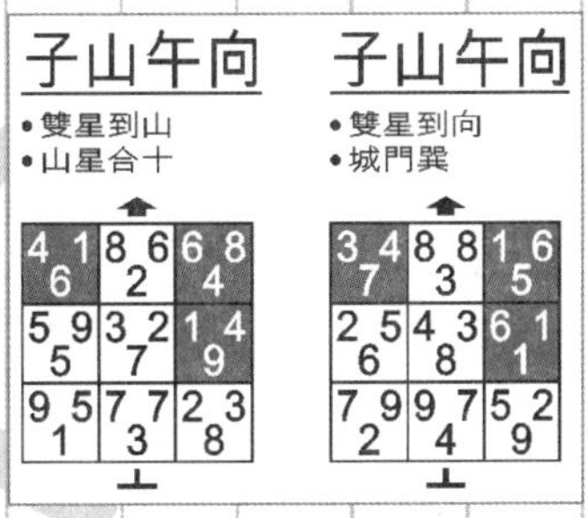

故於玄空風水上，門戶、元運與座向之配合極為重要。

至於陰宅所重的「乘氣」，即「乘生氣」，首要是尋「金龍」。

「金」和「龍」，皆是乾的象義，是陽氣的代表，此二字，其實只是形容詞而已，並非真的指龍形的山脈。

生氣結聚之處，指的是形勢上前有案、後有山、左右有砂手相護從，令穴場不受罡風吹動，沒有水濕鬱結。與陽宅相同，縱然形勢一樣，還須時間的配合。

陰宅重「乘氣」，陽宅重「納氣」，兩者彷彿截然不同，其實道理歸一。陰宅之所以如此著重形勢，全因大局屬客觀環境，非人力所輕易改變。陽宅所重的納氣位、用事位等，亦是形勢的一種，但可由人為去變動，彈性較大。

然二者所視的形勢有別，不可混為一談。當然，仍須與理氣相配合。

河圖

原文：

河圖圓，圓者，氣也。天數五，地數五，天數一、三、五、七、九，地數二、四、六、八、十；一、二、三、四、五為生數，六、七、八、九、十為成數，一生一成而造化之機成焉。

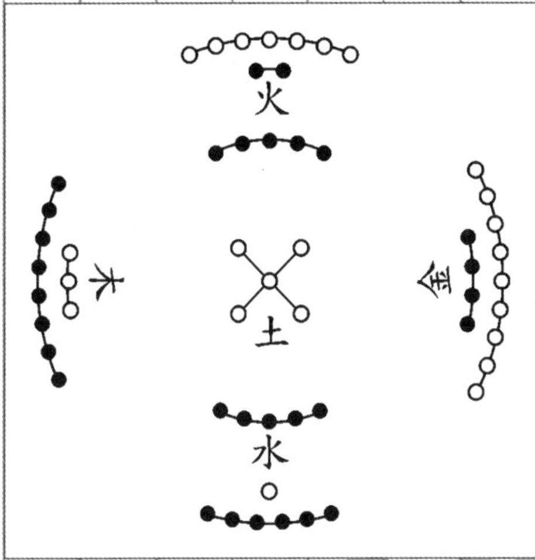

北方天一生水，地六成之；水無土不成，故一加五為六，所以云「一六共宗」。南方地二生火，天七成之；火無土不成，故二加五為七，所以云「二七同道」。東方天三

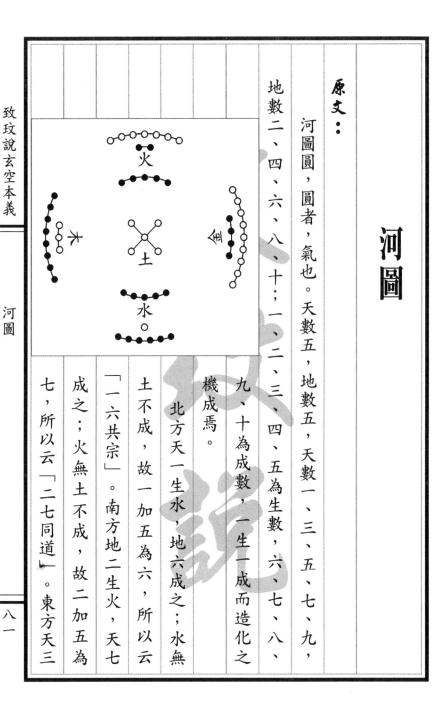

生木，地八成之；木無土不成，故三加五為八，所以云「三八為朋」。西方地四生金，天九成之；金無土不成，故四加五為九，所以云「四九為友」。五十俱為土，而同途在中宮；蓋五行無土不成，無中央，則不能臨制四方也。

冬令為北方之氣而屬水，水生春令東方之木，木生夏令南方之火，火生中央及四維之土，而四維四季之土，以未土為最旺，土生秋令西方之金，而金復生冬令北方之水。四氣循環，周流六虛，此河圖之氣，所以云「圓」也。

春夏為發育之氣，秋冬為收藏之氣，此所以十二支之建寅為正月，建卯為二月，建辰、巳、午、未、申、酉、戌、亥、子、丑而至於三、四、五、六、七、八、九、十、十一、十二月也。此十二支之五行，所以亦隨河圖之五行而定也。八干輔於支位，五行亦同隸之也。

太陽躔丑為冬至，冬至一陽生，為溫厚之氣始；躔戌為春分，為溫厚之氣盛；太陽躔未為夏至，夏至一陰生，為嚴凝之氣始；躔辰為秋分，為嚴凝之氣盛。所以辰、戌、丑、未為天地四方之氣，亦為四方之界。

「一六共宗」者，即二十四山之癸、子、壬、亥、乾、戌也。「二七同道」者，即二十四山之未、坤、申、庚、酉、辛也。「三八為朋」者，即二十四山之乙、卯、甲、寅、艮、丑也。「四九為友」者，即二十四山之辰、巽、巳、丙、午、丁也。

天地之氣，一六與四九可通，二七與三八可通；一六與三八則不可通，二七與四九亦不可通也。幕講云：「坎離逢震巽，艮兑合乾坤。」亦即一六、四九可通，二七、三八亦可通之義，並寓合五合十五之深旨。

一四合五，九六合十五；二三合五，七八合十五。卦氣可通不可通，山水清純夾雜。可通不可通，即寓於此河圖生成之中可知矣。世俗不察，往往從盤面二十四山之干支八卦呆方位論短長者，未明河圖之原理也。

經云：「認金龍，一經一緯義不窮；動不動，直待高人施妙用」者，亦寓此深意。天地四時之氣，一左一右，亦即一經一緯。金龍為及時當令之氣，至剛至動，乾乾不息。《易》乾六爻均以龍名之者，乃至剛之氣，無以命名而名之也，地理取義金龍即此。惟高人方知妙用，世以元運之當令一星挨山、挨向謂金龍者，未明河圖之真旨也。

河圖之原理無窮，金龍之用法不一，玩此方知四時各有金龍，每運各有金龍，形與氣各有金龍，一言難盡，罄筆難書，正所謂「高人妙用」哉。

致玟說：

《河圖》、《洛書》是中國神話傳說當中的一份古老文獻，最早出現於《易經》。

《繫辭》：「河出圖，洛出書，聖人則之。」

《傳》：「河圖，八卦，伏羲王天下，龍馬出河，遂則其文以畫八卦，謂之河圖。」

關於《河圖》、《洛書》的由來，一直有很多不同的傳說，比較普遍的說法是伏羲在黃河發現一條龍馬，背上有紅黑色的斑點，伏羲將這些斑點連結，把紅黑配陰陽，便成《河圖》。至於兩者圖像的流傳，則由宋陳摶始開始昭明於世。

宋劉牧《易書鈎隱》中記載了《河圖》就是「九宮」，而《洛書》是另一種十個數的排列，名為「天地生成數圖」。

至朱熹時，人們又把《河圖》、《洛書》的說法顛倒過來，即《洛書》是「九宮」，而《河圖》是「天地生成數圖」。後來，人們更將

《河圖》、《洛書》說成為數學奧秘的起源，宋代的秦九韶、明代的程大位亦持這樣的觀點。程大位更在《算法統宗》的卷首中畫了一幅「龍馬負圖」。

另一種關於《河圖》、《洛書》的說法，是指中國文明起源於距今五、六千年的「河洛文化」。《河圖》、《洛書》是發現於黃河及洛水一帶的甲骨，在名為《洛書》的甲骨中，記載了如今的一種縱橫圖。

雖然對於兩者的由來和內容至今還存在著爭議，但其圖像已有一定的共識。

《青囊經》：「天尊地卑，陽奇陰偶。一六共宗，二七同道，三八為朋，四九為友，五十同途，闔闢奇偶。五兆生成，流於終始。」

古人將天地比作陰陽，萬物莫不與陰陽有關。人生活在天地之間，受地心吸力的影響，不論位處何方，遠瞰平地或海洋，所看到的均是成一平面。

假設由香港國際機場為起點，以三百六十度不同的角度出發，一直向前直行，最後還是會返回起點。由此可見，地於人而言是一片平面，所佔的空間是有限制的，從一個地方到另一地方，是存在著方向性的。

當向高空發展時，則可由地球飛至無窮無盡的宇宙，而且由天空降至地球的物質及能量是沒有限制、選擇性的，如陽光、雨水、空氣等等。

從倫理上來看，人本身是獨立的個體，通過與他人的接觸和溝通，而成線一般的連繫，再把生活圈子加以擴大，延伸至朋友，則成為平面，彼此的關係是有選擇性和限制的。撇開朋友、同事等平輩，父母、祖宗以至子女，大家是沒有選擇權的，不論是否願意，宗族依然會呈幾何級數的遞增，擴展的倍數是沒有限制的。

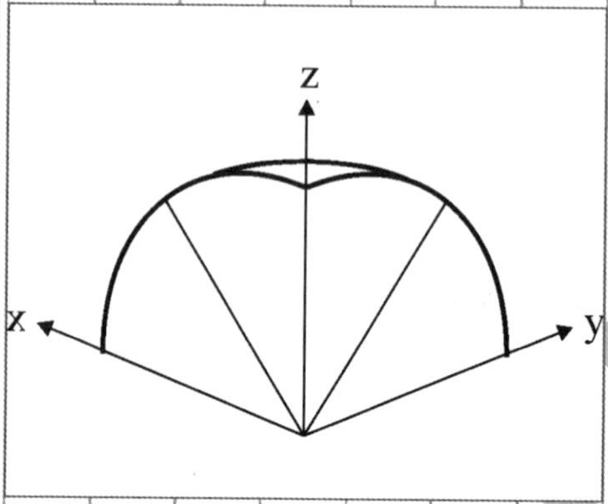

從數理而言，陽屬奇數，陰是偶數。奇，以一為一，徑一而為三，意思是由一點出發，向三個方向進發，相等於XYZ軸，是立體的空間，用同一長度的直徑去描繪時，出現的是一個球體，因此云「奇極而圓」。由於直徑是由一點量度，故直徑與直徑之間是不會形成交叉點的。

偶，以二為一，徑一而圍四，意思是由兩點開始，各向兩個方向伸展，所產生的是正方形，故云「偶極周而方」。在延伸的途中，線與線會出現重疊，從而產生交叉點。再由交接點伸展開去，又再產生正方形。

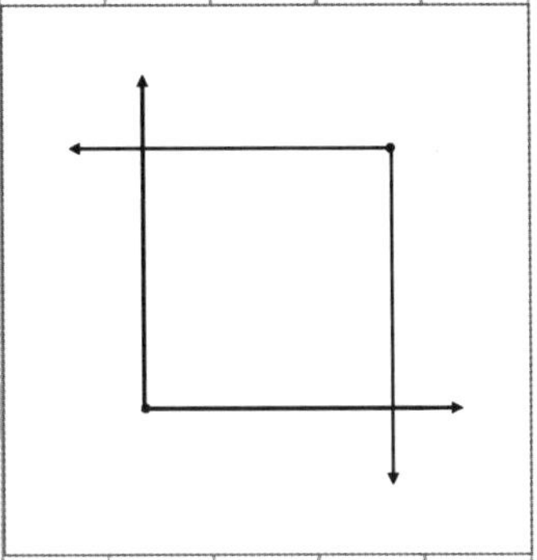

上古的人類，從自然環境、倫理關係中意識到事物的相對關係，隨著知識的增長，慢慢地建立了陰陽的概念，再把這個概念應用到不同的範疇中。這個陰陽概念，所涵蓋的範圍甚廣，但總離不開陽是沒有限制，陰是受限制的，而「天圓地方」的理論亦植根於此。

河圖數由一奇一偶組成，由中央起，順時針方向逆轉，五、十土生四、九金，四、九金生一、六水，一、六水生三、八木，三、八木生二、七火，二、七火生中央五、十土，成一循環，對面則為相剋。

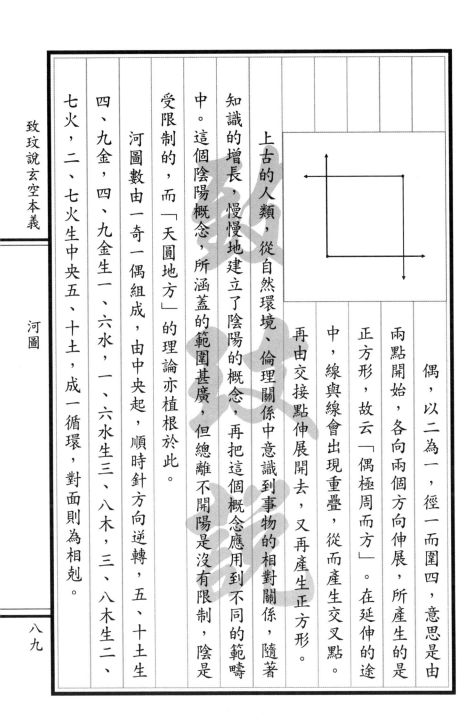

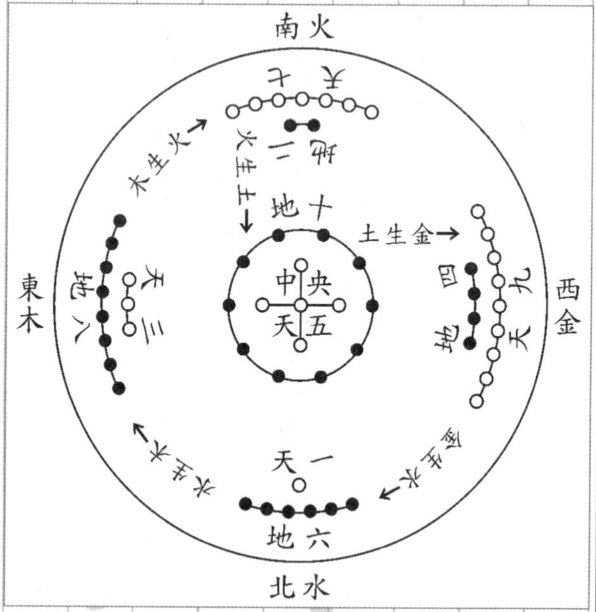

從上圖「河圖配陰陽五行圖」之中，可以察看到其規律，北方是陽氣始升之處，故配天數一，而以地數六相配。東方乃日出之方，陽氣逐漸增長，因此配天數三，以地數八相配。

南方是陰氣始生之處，故配地數二，以天數七相配。西方乃日落之方，陰氣逐漸增長，因此配地數四，以天數九相配。而中央則是中心處，天數與地數之始末皆肇於此，故配天數五和地數十。把地數與天數相配，表示有生必有成。

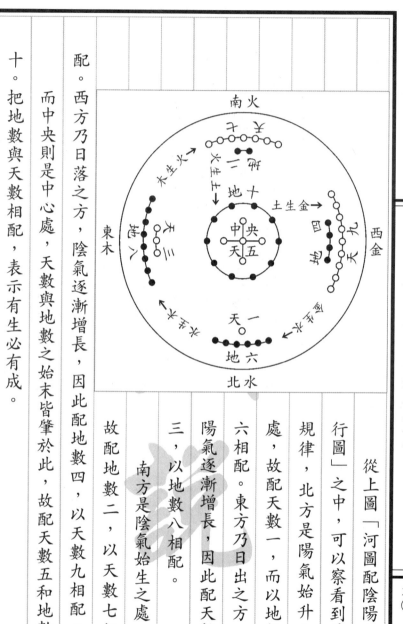

奇數屬陽，以一為一，徑一為三，因此一的極是三，謂之「參」。偶數屬陰，以二為一，徑一圍四，因此二的極是四，謂之「兩」。

數字由一至九組成，而「十」則是超越個位數之始，從一到十的一組數字中，奇數佔五個，偶數亦佔五個。由於奇數屬陽，陽為天，故稱為「天數」；偶數屬陰，陰為地，故稱為「地數」。

奇數，天數——一、三、五、七、九，總和二十五

偶數，地數——二、四、六、八、十，總和三十

「一」是數字的開端，由此起分佈四方及四象，即用了一、二、三、四，同時代表仁、義、禮、智，而四方的確立，須由中心點釐定，因此用「五」居中央以立極。這五個數字代表了先天條件，為內在因素，主「氣」，有這些先天條件，萬物才有發育的可能，故稱為「天數」。

透過中央土，萬物滋生，當萬物發育時，便會有一定的形態出現，於

是分別加五而成六、七、八、九、十，以此代表，屬外在的表現，主「象」，故稱為「成數」。由於生數是內在因素，成數是有諸內而形於外之形態表現，因此，在排列上，生數排於內，成數排在外。

生數——一、二、三、四、五，總和十五

成數——六、七、八、九、十，總和四十

不論是天數、地數、生數抑成數，每組皆由五個數字組成，因此云「參兩伍而為五」。有趣的是，陽數相加的總和是二十五，陰數是三十；生數相加的總和是十五，成數是四十。把陽數減生數得出十，成數減陰數同樣得十。這個「十」數，代表事物的終結。

從《河圖》的規律中看到，當陽數生時，以陰數成；當陰數生時，以陽數成。形成天一（陽）生水，地六（陰）成之；天二（陰）生火，地七（陽）成之；天三（陽）生木，地八（陰）成之；天四（陰）生金，地九

（陽）成之；天五（陽）生土，地十（陰）成之。此一生一成，充分體現陰陽相配的概念，也是萬物生成的思想。

而天數、地數的相配，形成兩相從的關係，因此，有一便有二，有三便有四，至五居中，有六便有七，有八便有九，至十復居中。將數字順時針排列，便形成五個位置，當中的陰陽均有其動靜，但不論是陰動抑陽動，所產生的變化結果是歸一的。

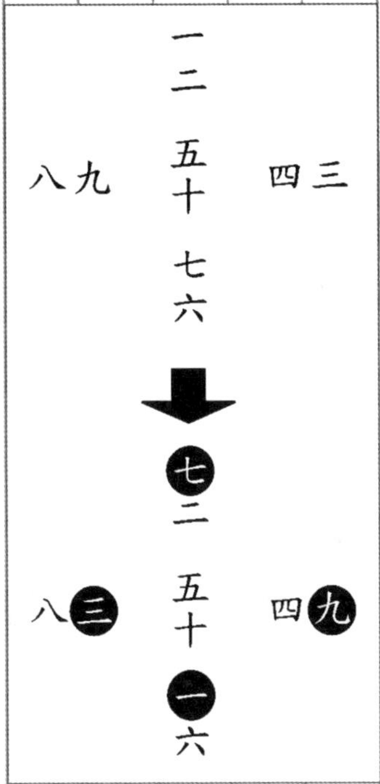

若以「陽動陰靜」而論，數起於上，一二本在上，三四本在右，六七本在下，八九本在右。如乾君而坤藏，君令而臣從，夫行而婦順。自上而下，此以用而言。

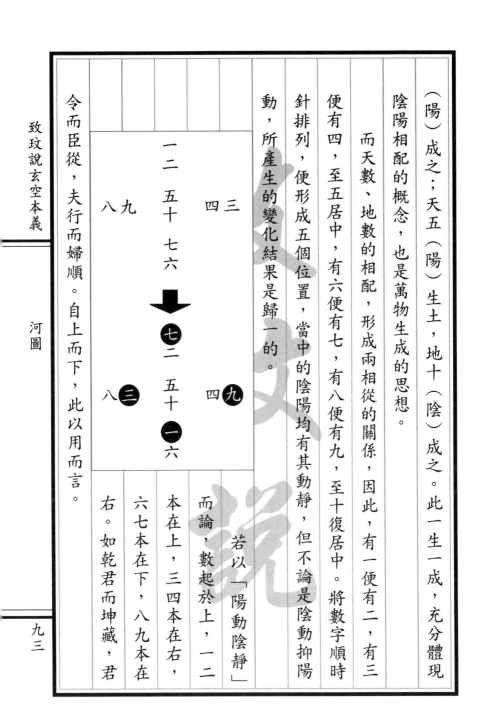

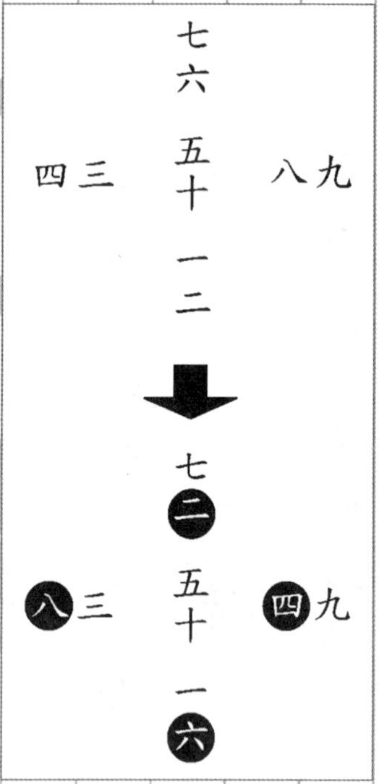

若以「陽靜陰動」而論，數起於下，一二本在下，三四本在左，六七本在上，八九本在右。如乾主而坤役，君逸而臣勞，父安居而妻子勤職。自內而外，此以體而言。

由是，天地的開闢、陰陽之交媾，便成四時之運行，大自然的變化，莫不離乎此。

《河圖》所體現的四象，只是先天陽升陰降、上下初分之象而已，並未可以稱為四方，必須通過交合，萬物始通。

《彖傳》：「大往小來，則是天地不交而萬物不通也，上下不交而天下無邦也。」

蓋陰陽之氣本無形，但土則有形，土之上是乾積陽之氣，土之下為坤積陰之氣，兩者必須藉土而交氣，土下始通，才有四方之分。

《青囊經》：「先看金龍動不動，次察血脈認來龍。」

這金龍，便是先天之氣，乃一地一穴之本質。但氣無形，故須以有形之水察無形之氣，因「氣，界水即止」，水的對面即是山。

所謂的山水，並不只是言真山真水，其實有多重意義。

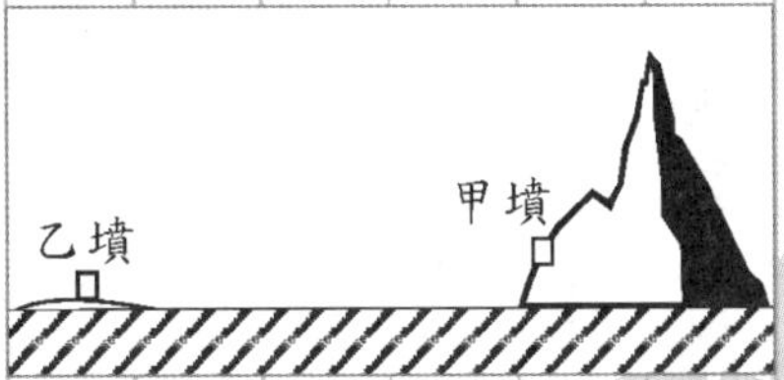

如以地勢而論，甲墳的實際座落高度比乙墳為高，但在玄空風水的角度視之，甲墳處於高山的山腳位置，在互相比較的情況下，甲墳是在水中。乙墳附近是一片平原，雖然只葬在微突的山丘上，「高一寸即是山」，乙墳已然是在山上。所以，山可以是水，水可以是山，視乎互相比較而已。

《河圖》所言的是先天的本質，透過大局的形勢而表現出來，當中又以「得水為先」，此水即是道路。路的基本要求是生旺，因此，縱然道路縱橫交錯，符合了內在因素，但沒有人去使用，缺乏外圍條件，這路還是死的。必須有人去使用，才可稱為有生氣。

《青囊內傳》：「法五子，遁八門。」

河圖數之用，主要在於推斷一地的興衰，即「大玄空」。河圖五子運，是以六十甲子分五組，每組各管十二年，由於每組必由「子」開始，故名「五子數」，為先天氣機之所在，以視其陰陽消長來推斷大局形勢。

甲子到乙亥之十二年，為河圖水運。

丙子到丁亥之十二年，為河圖火運。

戊子到己亥之十二年，為河圖木運。

庚子到辛亥之十二年，為河圖金運。

壬子到癸亥之十二年，為河圖土運。

元	河圖	元圖	六十甲子
上元	水	一白水	甲子、乙丑、丙寅、丁卯、戊辰、己巳、庚午、辛未、壬申、癸酉、甲戌、乙亥
	火		丙子、丁丑、戊寅、己卯、庚辰，辛巳、壬午、癸未
		二黑土	甲申、乙酉、丙戌、丁亥
	木		戊子、己丑、庚寅、辛卯、壬辰、癸巳、甲午、乙未、丙申、丁酉、戊戌、己亥
	金		庚子、辛丑、壬寅、癸卯
		三碧木	甲辰、乙巳、丙午、丁未、戊申、己酉、庚戌、辛亥
	土		壬子、癸丑、甲寅、乙卯、丙辰、丁巳、戊午、己未、庚申、辛酉、壬戌、癸亥
中元	水	四綠木	甲子、乙丑、丙寅、丁卯、戊辰、己巳、庚午、辛未、壬申、癸酉、甲戌、乙亥
	火		丙子、丁丑、戊寅、己卯、庚辰，辛巳、壬午、癸未
		五黃土	甲申、乙酉、丙戌、丁亥
	木		戊子、己丑、庚寅、辛卯、壬辰、癸巳、甲午、乙未、丙申、丁酉、戊戌、己亥
	金		庚子、辛丑、壬寅、癸卯
		六白金	甲辰、乙巳、丙午、丁未、戊申、己酉、庚戌、辛亥
	土		壬子、癸丑、甲寅、乙卯、丙辰、丁巳、戊午、己未、庚申、辛酉、壬戌、癸亥
下元	水	七赤金	甲子、乙丑、丙寅、丁卯、戊辰、己巳、庚午、辛未、壬申、癸酉、甲戌、乙亥
	火		丙子、丁丑、戊寅、己卯、庚辰，辛巳、壬午、癸未
		八白土	甲申、乙酉、丙戌、丁亥
	木		戊子、己丑、庚寅、辛卯、壬辰、癸巳、甲午、乙未、丙申、丁酉、戊戌、己亥
	金		庚子、辛丑、壬寅、癸卯
		九紫火	甲辰、乙巳、丙午、丁未、戊申、己酉、庚戌、辛亥
	土		壬子、癸丑、甲寅、乙卯、丙辰、丁巳、戊午、己未、庚申、辛酉、壬戌、癸亥

河圖五子運視先天五行，三元九運則看後天五行，把兩者互相參較，再配合《易》象，對一地之起落嬗變，大勢之所趨，瞭如指掌。

以七運為例，七運屬兌金，由一九八四甲子年至一九九五年為河圖水運，成水冷金寒之象，大利西方航運、金融、巫祝之行業，由於陰金主事，故手法多帶邪僻。

踏入一九九六年，交河圖丙子運，火剋兌金，先天之火剛起，已令邪歪手法、航運事業頓挫。待數年光景，火氣熾盛，七赤金氣漸退，經濟必受損。

至於以「小玄空」推算一穴一宅時，河圖五子運亦須參照，但不如「大玄空」的重要。

用於「小玄空」時，主要是參看外局環境之吉凶，如門外不遠處有垃圾堆積，屬五黃之象，在河圖火運時，火生土，令五黃有坐大之勢。在七運時，兌金可以洩土，故禍害稍輕。但一交入八運，艮土與五黃土成承氣之象，若不懂得化解，其禍極巨。

坊間另有一套河圖數的解說，由來始於《紫白訣》。

《紫白訣》：「凡屋層與間架值水數者，喜金水運；值木數者嫌金土運，火金土數，依此類推。」

方法是依《河圖》的五行數來論層數與間數的五行。

五行	河圖數	樓層
水	一、六	一樓、六樓、十一樓、十六樓等
火	二、七	二樓、七樓、十二樓、十七樓等
木	三、八	三樓、八樓、十三樓、十八樓等
金	四、九	四樓、九樓、十四樓、十九樓等
土	五、十	五樓、十樓、十五樓、二十樓等

清姚廷鑾《陽宅集成》：「如一層、六層、一間、六間是水數屋也。喜值庚子十二年金運，金能生水數屋也。值甲子十二年水運，水運與水屋比和也。」

意思是以樓層或房間的數目計算先天五行，當河圖五子運能生旺房屋為吉，剋洩為凶。

這個原理本身已存在著矛盾，若是三樓的五房單位，則三屬木，五屬土，其五行又應依那個數目為準則？

又，在同一個五子運中，能夠成生旺或比和的數字不多，若依此法計算，一幢大廈內豈非很多凶宅？

只要看一看身邊的親朋戚友，即知道這個理論的荒謬。

《河圖》於玄空風水上的運用，在書籍中甚少提及，即使是拜師學習，亦只有極少數的老師明白。既知道《河圖》有其用途，卻不知如何用，但又礙於面子而不敢宣之於口，基於這些原因，便憑空猜測，把五子運的五行強加到住宅的數目中，簡直是胡來。

社會日新月異，人又豈能追趕得及，既知自己的不足，更應不斷地學習。在知識的面前，各人是平等的，即使是三歲孩童，往往也有意想不到的啟發。過於顧及體面，結果只會固步自封。

古籍中有很多資料是不確的，必須細加分析，多作徵驗，方能辨出真偽。切忌不求甚解、盲從附和。

洛書

原文：

洛書方，方者形也。其數對待合十，由河圖分佈而成。

四正—一、三、七、九為奇，

四隅—二、四、六、八為耦，五居中央，縱橫十五，為流行之氣機。

上元一、二、三、四為一片，下元六、七、八、九為一片，陽奇順佈，陰耦逆佈，生旺衰死，吉凶消長，以此為定論。

用洛書之數，合先天子母公孫之卦而為用，數為表而爻象為裏，是為挨星真訣。世以洛書九數入中，從掌上飛佈論得失者，比比皆是，無從糾正，蔣公云：「洛書大數先天矩。」的為至理名言。

地理又以貪、巨、祿、文、廉、武、破、輔、弼之九星稱之者，亦爻象之代名詞，用不在星而在於卦，不在於後天之卦，而在於先天之一再三索之卦也，故可以洛書之數名之，可以北斗之星稱之。

先後天同為八卦，而其用不在於先後天之呆方位八卦，而在於交互中活活潑潑之八卦中也。真知玄空者，洛書之稱用，與世俗之稱用有異也。

書數有九，而卦只有八，《周易》全部，包含三才，何嘗非八，何來有九，五者妙合媾精之所也。《易》三六畫卦，二五均在中爻，故二亦稱妙合，五居中而臨制四方，非五之制四方，乃四方之各居中而能各制其四方也。其八方相對合十者，妙用在於零正生死，此零彼正，此生彼死，確為玄空中不易之圭臬。

惟其隨氣流行之零正生死，不在於洛書之呆方位，亦不在於入中順逆顛倒飛佈之躔何方、落何宮也。

總之，天地自然之氣，非人力可以隨便挪移。既定位，既通氣，既相薄，既不相射，其生生化化，自有不易之理、不易之位，不易而易，是為真易。不易者，無形之雌雄，自然之交合也；必易者，隨時流行之氣也。所易合於不易，即《易》易簡之道也，即玄空之橐籥也。非口口相傳，窮究深索，其孰能知之。

致玟說：

《洛書》，是最早的幻方。根據很多數學史家的考證，《洛書》傳說開始於北宋（公元九六〇年），而三階幻方最早見於中國春秋時期（大約公元前五〇〇〇年左右）的著作《大戴禮記》之中。幻方在西方稱為「魔方」(magicsquare)，在中國古時候則稱為「縱橫圖」。

有關《洛書》，典籍中有很多記載。

《易・繫辭》：「河出圖，洛出書，聖人則之。」

《河圖・玉版》：「倉頡為帝，南巡狩，發陽虛之山，臨於元扈洛汭之水，靈龜負書，丹甲青文，以授之。」

《疏》：「如鄭康成之義，則《春秋緯》云：『河以通乾，出天苞；洛以流坤，吐地符。河龍圖發，洛龜書感。河圖有九篇，洛書有六篇。』孔安國以為河圖則八卦是也，洛書則九疇是也。」

《漢書・五行志》引劉歆云：「禹治洪水，賜雒書，法而陳之，洪範是也。」

《數術記遺九宮算》云：「九宮者，即二四為肩，六八為足，左三右七，戴九履一，五居中央。」

《大戴禮・明堂篇》：「記用九室，謂法龜文，故取此數以明其制也。」

最廣泛流傳的神話，是大禹治水。

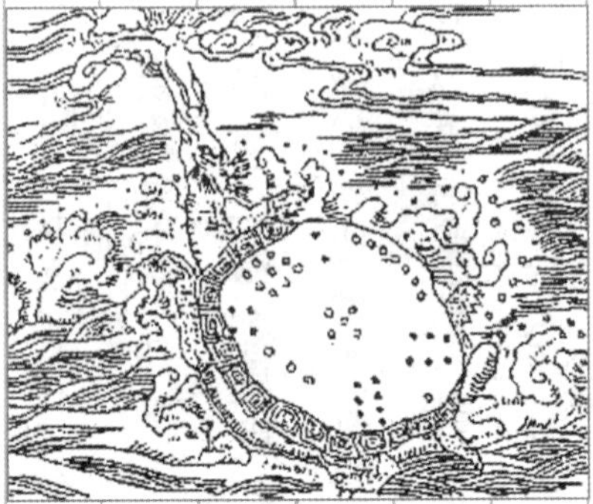

相傳堯虞舜時代，洪水氾濫，命大禹治水，當洪水治平後，在陝西維南縣之洛水發現神龜，其背上刻著黑白九數的幾何圖形。

九個白點靠近頭部，一個白點居尾部，三個白點在左脅，七個白點在右脅，四個黑點靠近左眉，二個黑點靠近右眉，六個黑點靠近右足，八個黑點靠近左足，五個白點在背中央。把這些數字縱橫相加，得出均是十五，即「魔方陣」。

大禹領悟到《洛書》的玄妙，依九宮將天下劃分成九州。且將一般事物區分為九類，而著《洪範》九疇為治國大典。

據說至周朝仍保留有《河圖》《洛書》之器物，並存放於京府內，至秦才遷至阿房宮，可惜為楚霸王項羽所焚燬。

《洛書》的圖示，可追溯到漢代。據一九七七年於中國大陸的安徽西漢汝陰侯墓中，發掘出土的「太乙九公（宮）占盤」，與朱熹描繪的洛書圖相當接近，相對證明了這個九宮圖在西漢初之前就有了。

至於《河》《洛》的結合，則始於宋朝，北宋時第一次結合，到了南宋，才形成「圖十書九」。有關「圖十書九」或是「圖九書十」，至今依然說法不一。

有關《河》《洛》所揭示的內容，同樣是眾說紛紜。南宋薛季宣認九數《河圖》，十數《洛書》為周王朝的地圖，地理志圖籍。清黃宗羲《易學象數論》和胡渭《易學明辨》認為是四方所上圖經一類書。近人高亨認為可能是古代的地理書。另有人認為《河圖》是上古氣候圖，《洛書》是上古方位圖，或是天河圖。亦有說《河圖》重合，奇耦相配，陰陽相抱，生成相倚；《洛書》重分，奇耦分離，生成異位。二者一分一合，體現對立、統一，盛衰動靜的發展辯證關係。

談論《河》《洛》，總離不開數用的問題，《河圖》主常，即常道、常態，是先天之體。《洛書》主變，即變道，是後天流行之氣。

《青囊經》：「八體宏佈，子母分絕。天地定位，山澤通氣，雷風相薄，水火不相射。中五立極，臨制四方，背一面九，三七居旁，二八四六，縱橫紀綱。」

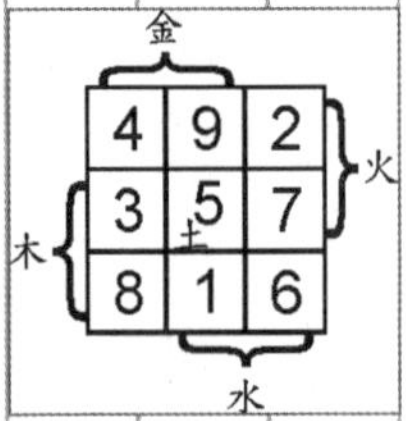

《洛書》的組合，與《河圖》數不謀而合，若以《河圖》的五行而視，則見一六水剋二七火，二七火剋四九金，四九金剋三八木，三八木剋五十土，五十

土剋一六水。與《河圖》順時針相生的關係逆轉。

《洛書》數的排序，若以數理而論，由於天地的參數是五，故五居中。基於貴陽賤陰，奇數屬陽，偶數屬陰，以奇數統偶數，把奇數設於四正的位置，偶數放在四隅之方。

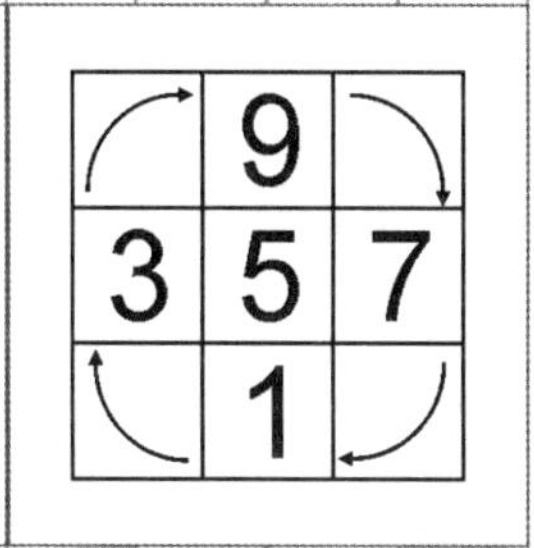

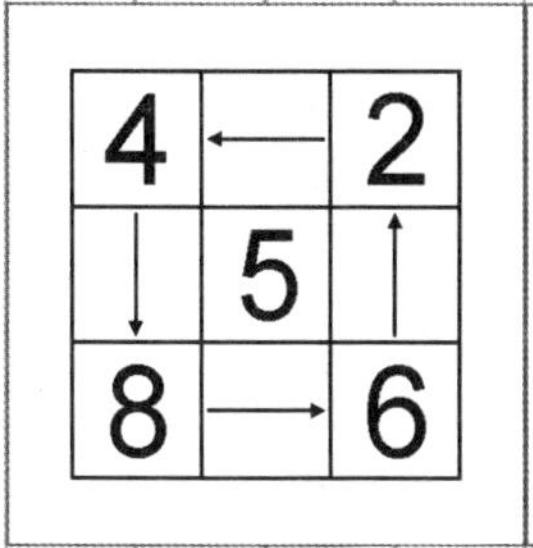

天數以一為一，徑一圍三，數由一於北方開始，向順時針方向排下一個天數，一乘三等於三，三便在東；三三該九，九居南；九乘三得二十七，七遂在西；二十七乘三得八十一，一復居北，循環不息。

地數以二為一，徑一圍四，數由二於西南方開始，天數左旋而地數右轉，二乘二等於四，四便在東南方；四二得八，八居東北方；八乘二得十六，六遂在西北方；十六乘二得三十二，二復居西南。

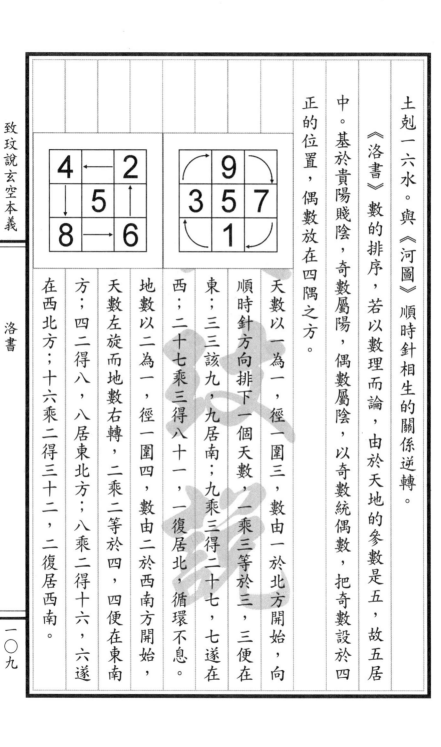

《河圖》數是兩相從的排列，《洛書》數則是三相從，因此，有一二三，便有四五六；有四五六，便有七八九。與《河圖》同理，《洛書》亦因應陰陽動靜而有所變化。

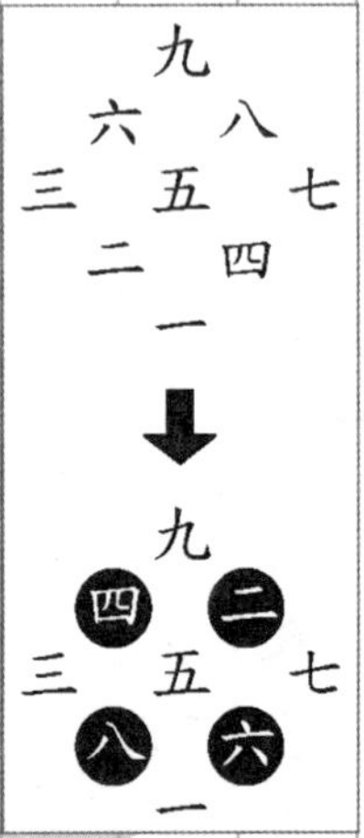

以「陽靜陰動」而看，數自下而上，陽數靜而不遷，陰數動而易。

以「陽動陰靜」而視，則數自上而下，陽數動而易，陰數靜而不遷。

不論是陽動抑陰動，其變化總歸一，這便是陰陽之道。

《河圖》體現的是四象，為先天的本質，故配先天八卦；《洛書》則有八方，為後天流行之氣，因此配後天八卦。

四綠巽木 文曲	九紫離火 右弼	二黑坤土 巨門
三碧震木 祿存	五黃土 廉貞	七赤兌金 破軍
八白艮土 左輔	一白坎水 貪狼	六白乾金 武曲

將《洛書》數配以後天八卦，以五黃土居中以立極，即可分出八個方位 — 四正向及四隅向，為一白坎水、二黑坤土、三碧震木、四綠巽木、六白乾金、七赤兌金、八白艮土和九紫離火，依序挨排，成「洛書盤」，又名「元旦盤」、「天盤」。數字所代表的方位和五行與《河圖》數有相異。

河圖

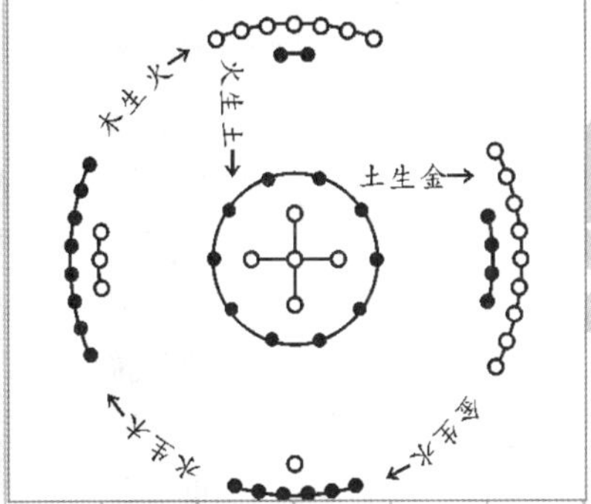

洛書

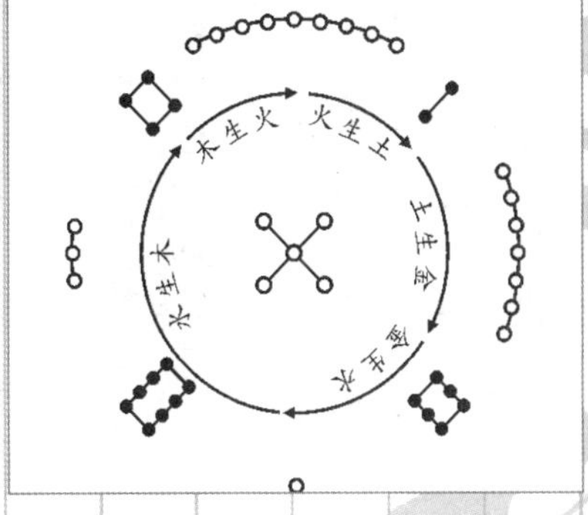

細看二圖，可見五行成順時針相生，對宮則成相剋之關係。彼此數字的位置不同，但五行之位置卻一樣。

《河》《洛》五行與方位異同表：

數字	河圖五行	河圖方位	洛書五行	洛書方位
一	水	北	水	北
二	火	南	土	西南
三	木	東	木	東
四	金	西	木	東南
五	土	中央	土	中央
六	水	北	金	西北
七	火	南	金	西
八	木	東	土	東北
九	金	西	火	南

於玄空風水上，《洛書》應如何為用？

《青囊奧語》：「認龍立穴要分明，在人仔細辨天心。」

《天玉經》：「先定來山後定向。」

先天為體，後天為用。體是不可移易的本質，用則隨時間與人為而致不同的吉凶克應。「洛書數」便是參看在後天的時間和方位配合下，所產生之氣機的基本原素。

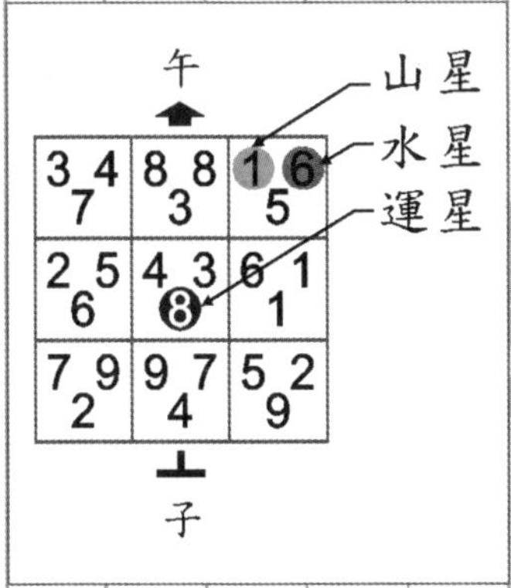

首先，根據「元旦盤」的軌跡，把所屬元運的數字入中，一一挨排，便成「地盤」，又稱為「內盤」，再依量度的座向排定山水二星。值得留意的是，「地盤」只是不同元運的「底盤」，作為立山定向之用而已，並無其他用途。

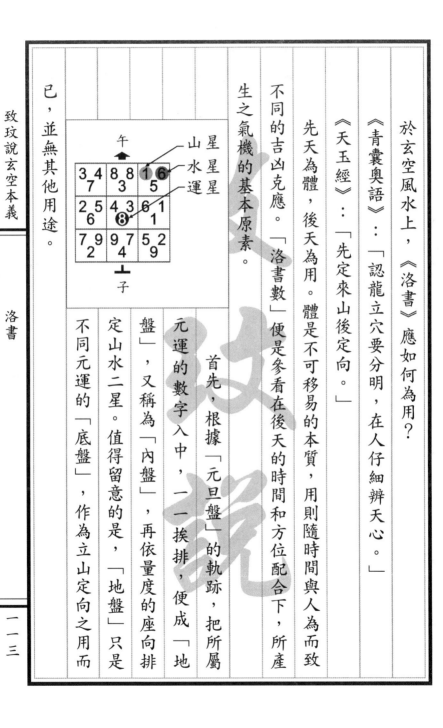

八運飛星圖表(二〇〇四至二〇二三年)

丑山未向

• 到山到水
• 向星反吟

3 6 7	7 1 3	5 8 5
4 7 6	2 5 8	9 3 1
8 2 2	6 9 4	1 4 9

艮山坤向

• 上山下水
• 城門午酉

1 4 7	6 9 3	8 2 5
9 3 6	2 5 8	4 7 1
5 8 2	7 1 4	3 6 9

寅山申向

• 上山下水
• 城門丁辛

1 4 7	6 9 3	8 2 5
9 3 6	2 5 8	4 7 1
5 8 2	7 1 4	3 6 9

• 到山到水

3 6 7	7 1 3	5 8 5
4 7 6	2 5 8	3 9 1
8 2 2	6 9 4	1 4 9

• 上山下水

1 4 7	6 9 3	8 2 5
9 3 6	2 5 8	4 7 1
5 8 2	7 1 4	3 6 9

• 上山

9 4 7	5 9 3	7 2 5
8 3 6	1 5 8	3 7 1
4 8 2	6 1 4	2 6 9

辰山戌向

• 上山下水
• 城門壬

6 8 7	2 4 3	4 6 5
5 7 6	7 9 8	9 2 1
1 3 2	3 5 4	8 1 9

巽山乾向

• 到山到水
• 城門酉

8 1 7	3 5 3	1 3 5
9 2 6	7 9 8	5 7 1
4 6 2	2 4 4	6 8 9

巳山亥向

• 到山到水
• 城門辛

8 1 7	3 5 3	1 3 5
9 2 6	7 9 8	5 7 1
4 6 2	2 4 4	6 8 9

• 到山到水

8 6 7	4 2 3	6 4 5
7 5 6	9 7 8	2 9 1
3 1 2	5 3 4	1 8 9

• 到山到水

8 1 7	3 5 3	1 3 5
9 2 6	7 9 8	5 7 1
4 6 2	2 4 4	6 8 9

• 到山到水

8 1 7	3 5 3	1 3 5
9 2 6	7 9 8	5 7 1
4 6 2	2 4 4	6 8 9

座向下劃有底線代表出煞，其餘為收山。灰網表示兼線盤。

八運飛星圖表(二〇〇四至二〇二三年)

壬山丙向

• 雙星到山
• 城門未

5 2 7	9 7 3	7 9 5
6 1 6	4 3 8	2 5 1
1 6 2	8 8 4	3 4 9

子山午向

• 雙星到向
• 城門巽

3 4 7	8 8 3	1 6 5
2 5 6	4 3 8	6 1 1
7 9 2	9 7 4	5 2 9

癸山丁向

• 雙星到向
• 城門巳

3 4 7	8 8 3	1 6 5
2 5 6	4 3 8	6 1 1
7 9 2	9 7 4	5 2 9

• 甲方吉水

7 9 7	2 5 3	9 7 5
8 8 6	6 1 8	4 3 1
3 4 2	1 6 4	5 2 9

• 艮方吉水

5 3 7	1 7 3	3 5 5
4 4 6	6 2 8	8 9 1
9 8 2	2 6 4	7 1 9

• 艮方吉水

5 3 7	1 7 3	3 5 5
4 4 6	6 2 8	8 9 1
9 8 2	2 6 4	7 1 9

甲山庚向

• 雙星到山
• 城門未

7 9 7	2 5 3	9 7 5
8 8 6	6 1 8	4 3 1
3 4 2	1 6 4	5 2 9

卯山酉向

• 雙星到向
• 城門乾

5 2 7	1 6 3	3 4 5
4 3 6	6 1 8	8 8 1
9 7 2	2 5 4	7 9 9

乙山辛向

• 雙星到向
• 城門亥

5 2 7	1 6 3	3 4 5
4 3 6	6 1 8	8 8 1
9 7 2	2 5 4	7 9 9

• 到山

7 1 7	2 6 3	9 8 5
8 9 6	6 2 8	4 4 1
3 5 2	1 7 4	5 3 9

• 雙星到向

5 2 7	1 6 3	3 4 5
4 3 6	6 1 8	8 8 1
9 7 2	2 5 4	7 9 9

• 雙星到向

5 2 7	1 6 3	3 4 5
4 3 6	6 1 8	8 8 1
9 7 2	2 5 4	7 9 9

座向下劃有底線代表出煞，其餘為收山。灰網表示兼線盤。

八運飛星圖表(二〇〇四至二〇二三年)

未山丑向

- 到山到水
- 城門壬甲

6 3 7	1 7 3	8 5 5
7 4 6	5 2 8	3 9 1
2 8 2	9 6 4	4 1 9

坤山艮向

- 上山下水
- 山星伏吟

4 1 7	9 6 3	2 8 5
3 9 6	5 2 8	7 4 1
8 5 2	1 7 4	6 3 9

申山寅向

- 上山下水
- 山星伏吟

4 1 7	9 6 3	2 8 5
3 9 6	5 2 8	7 4 1
8 5 2	1 7 4	6 3 9

- 到山到水

6 3 7	1 7 3	8 5 5
7 4 6	5 2 8	3 9 1
2 8 2	9 6 4	4 1 9

- 上山下水

4 1 7	9 6 3	2 8 5
3 9 6	5 2 8	7 4 1
8 5 2	1 7 4	6 3 9

- 下水

4 9 7	9 5 3	2 7 5
3 8 6	5 1 8	7 3 1
8 4 2	1 6 4	6 2 9

戌山辰向

- 上山下水
- 城門甲

8 6 7	4 2 3	6 4 5
7 5 6	9 7 8	2 9 1
3 1 2	5 3 4	1 8 9

乾山巽向

- 到山到水
- 城門午

1 8 7	5 3 3	3 1 5
2 9 6	9 7 8	7 5 1
6 4 2	4 2 4	8 6 9

亥山巳向

- 到山到水
- 城門丁

1 8 7	5 3 3	3 1 5
2 9 6	9 7 8	7 5 1
6 4 2	4 2 4	8 6 9

- 到山到水

6 8 7	2 4 3	4 6 5
5 7 6	7 9 8	9 2 1
1 3 2	3 5 4	8 1 9

- 到山到水

1 8 7	5 3 3	3 1 5
2 9 6	9 7 8	7 5 1
6 4 2	4 2 4	8 6 9

- 到山到水

1 8 7	5 3 3	3 1 5
2 9 6	9 7 8	7 5 1
6 4 2	4 2 4	8 6 9

座向下劃有底線代表出煞，其餘為收山。灰網表示兼線盤。

八運飛星圖表(二〇〇四至二〇二三年)

丙山壬向

• 雙星到向
• 城門丑

2 5 7	7 9 3	9 7 5
1 6 6	3 4 8	5 2 1
6 1 2	8 8 4	4 3 9

• 甲方吉水

9 7 7	5 2 3	7 9 5
8 8 6	1 6 8	3 4 1
4 3 2	6 1 4	2 5 9

午山子向

• 雙星到山
• 城門乾

4 3 7	8 8 3	6 1 5
5 2 6	3 4 8	1 6 1
9 7 2	7 9 4	2 5 9

• 山星合十

3 5 7	7 1 3	5 3 5
4 4 6	2 6 8	9 8 1
8 9 2	6 2 4	1 7 9

丁山癸向

• 雙星到山
• 城門亥

4 3 7	8 8 3	6 1 5
5 2 6	3 4 8	1 6 1
9 7 2	7 9 4	2 5 9

• 山星合十

3 5 7	7 1 3	5 3 5
4 4 6	2 6 8	9 8 1
8 9 2	6 2 4	1 7 9

庚山甲向

• 雙星到向
• 城門丑

9 7 7	5 2 3	7 9 5
8 8 6	1 6 8	3 4 1
4 3 2	6 1 4	2 5 9

• 到水

1 7 7	6 2 3	8 9 5
9 8 6	2 6 8	4 4 1
5 3 2	7 1 4	3 5 9

酉山卯向

• 雙星到山
• 城門巽

2 5 7	6 1 3	4 3 5
3 4 6	1 6 8	8 8 1
7 9 2	5 2 4	9 7 9

• 雙星到山

2 5 7	6 1 3	4 3 5
3 4 6	1 6 8	8 8 1
7 9 2	5 2 4	9 7 9

辛山乙向

• 雙星到山
• 城門巳

2 5 7	6 1 3	4 3 5
3 4 6	1 6 8	8 8 1
7 9 2	5 2 4	9 7 9

• 雙星到山

2 5 7	6 1 3	4 3 5
3 4 6	1 6 8	8 8 1
7 9 2	5 2 4	9 7 9

座向下劃有底線代表出煞，其餘為收山。灰網表示兼線盤。

再按流年及流月排出「流年盤」及「流月盤」，比對實際環境和山水二星的配合，便可推斷出一宅的事情，也就是「憑星斷事」。

至於如何排定流年、流月、流日及流時的飛星盤，茲錄歌訣如下：

●年紫白

年白歌：

上元甲子一白求，中元四綠木爲頭，

下元七赤中央去。逐年逆數順宮游。

年九星解：

上元從坎一起甲子年，逆推。上元甲子年一白入中，乙丑九入中，丙寅八入中。

中元從巽四起甲子午，逆推。中元甲子年四綠入中，乙丑三入中，丙寅二入中。

下元從兌七起甲子年，逆推。下元甲子年七赤入中，乙丑六入中，丙寅五入中。

●月紫白

月白歌：

墓是五黃生是黑，每到旺年起八白

月九星解：

四孟之年－寅申巳亥年，正月二黑入中宮，二月一入中，三月九入中。入中後順飛，逐月逆退。

四仲之年－子午卯酉年，正月八入中，二月七入中，三月六入中。

逆推，順布例相同。

四季之年－辰戌丑未年，正月五入中，二月四入中，三月三入中。

子午卯酉年，從艮八起正月逆推。辰戌丑未年，從中五起正月逆推。寅申巳亥年，從坤二起正月逆推。

●日紫白

日白歌：

日家白法不難求，二十四氣六宮周。冬至雨水及穀雨，陽順一七四中游。夏至處暑霜降後，九三六數逆行求。

日九星解：

日九星分「陽局」及「陰局」兩種。農曆年每年三百六十天，「陽局」、「陰局」各佔一半，即各佔一百八十天。

「陽局」起於冬至後，到夏至前。

「陰局」起於夏至後，到冬至前。

一年有二十四節氣，「陽局」九星從冬至後的甲子日起一白，從雨水後的甲子日起七赤，從穀雨後的甲子日起四綠，逐日順排。

「陰局」九星從夏至後的甲子日起九紫，從處暑後的甲子日起三碧，從霜降後的甲子日起六白，逐日逆排。

冬至後從坎一起甲子日，順推。雨水後從兌七起甲子日，順推。穀雨後從巽四起甲子日，順推。以上一百八十日為陽局。

夏至後從離九起甲子日，逆推。處暑後從震三起甲子日，逆推。霜降後從乾六起甲子日，逆推。以上一百八十日為陰局。

●時紫白

時白歌：

時家白法更精微，須知二至與三時。

冬至三元一七四，子酉宮中順布之。
夏至九三六星逆，九星挨巽震排之。
即逆退、順逆兩邊如日例，戌丑亥寅一般施。

時九星解：

子午卯酉日，冬至後從坎一起子時。夏至後從離九起子時。
辰戌丑未日，冬至後從兌七起子時。夏至後從震三起子時。
寅申巳亥日，冬至後從巽四起子時。夏至後從乾六起子時。
冬至後順行，夏至後逆行。

《選擇求真》卷七「時家三元紫白」起例云：「三元時白最為佳，冬至陽生順莫差；孟日四宮仲一白，季日七赤發萌芽。每把時辰起甲子，本時星曜照光華。時星移入中宮去，順飛八方逐細查。夏至陰生逆回首，孟歸六白季三加。仲在九宮時起甲，依然掌上逆輪跨。」

子午卯酉日為天元，仲日順起一逆九。起子、酉時。

辰戌丑未日為地元，季日順起七逆三。起子、酉時。

寅申巳亥日為人元，孟日順起四逆六。起子、酉時。

與紫微斗數一樣，飛星盤可依年、月、日、時起出運盤，除了有特殊因素外，一般參照流年、流月已經很足夠。

南

3	8	1
2	4	6
7	9	5

東　西

北

現為二〇〇五乙酉年，流年四巽木入中。東方及西北方值二黑五黃飛泊，若住宅的座向飛星恰巧同樣是二五加臨，或該處有污穢之物，於是年便要小心留意了。

二〇〇五乙酉年流月飛星圖表

一月
1/5 - 2/3

8	4	6
7	9	2
3	5	1

二月
2/4 - 3/4

7	3	5
6	8	1
2	4	9

三月
3/5 - 4/4

6	2	4
5	7	9
1	3	8

四月
4/5 - 5/4

5	1	3
4	6	8
9	2	7

五月
5/5 - 6/4

4	9	2
3	5	7
8	1	6

六月
6/5 - 7/6

3	8	1
2	4	6
7	9	5

七月
7/7 - 8/6

2	7	9
1	3	5
6	8	4

八月
8/7 - 9/6

1	6	8
9	2	4
5	7	3

九月
9/7 - 10/7

9	5	7
8	1	3
4	6	2

十月
10/8 - 11/6

8	4	6
7	9	2
3	5	1

十一月
11/7 - 12/6

7	3	5
6	8	1
2	4	9

十二月
12/7 - 4/1/06

6	2	4
5	7	9
1	3	8

先天八卦

原文：

天開地闢謂之「定位」，包含三才，曠盪八方，自然之雌雄，自然之交媾，放之彌於六合者，玄空也。萬物莫能外之，萬物莫能出之；而萬物各具此老少陰陽也，各具此曠盪之氣也。

有此自然相配之氣，而後有自然相見、相交之形，化化生生，均繫於此。分而言之，所以有日月相配、山水相見、男女相交，皆得此氣也。得此氣而後萬物自知相配、相見、相交，而無所用其教導也。

數始於一而終於九，一二合三，三三合九，九為萬物之玄關，所以其數對待合九，乃化機、化成之妙理。

天地定而父母男女，尊卑高下，剛柔動靜，在在而分，天地交而生萬物，父母交而生子息，父母子息合為八體，是成八卦。

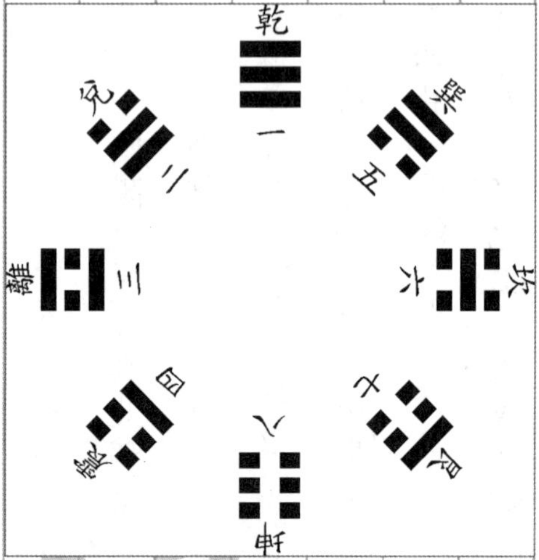

先天八卦圖

父母老而退休，六子各自為父母，而各掌權衡，聘配三八，而三又為萬物之玄關，萬物之父母矣。

一二三四為一片，五六七八為一片，坤巽離兌為上元一片，艮坎震乾為下元一片，陽九陰六，有條不紊，此所以又云「先天為體」也。

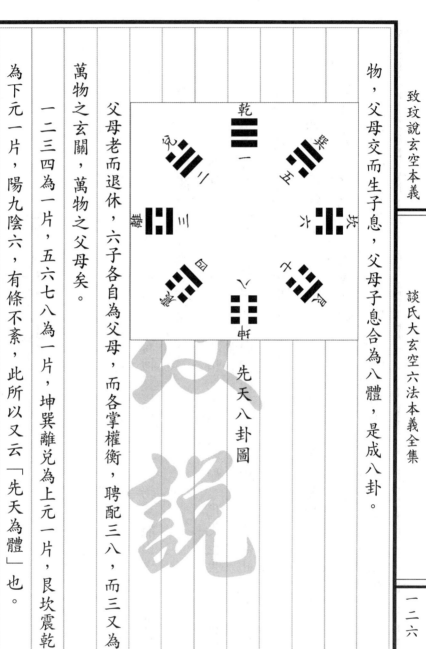

先天屬靜而居下曰「體」，後天屬動而居上曰「用」，一體一用，一靜一動，而成天地陰陽之造化，吉凶消長之樞紐。先天虛其中，乃放之彌六合，大而無外之象，人為天地相交而化生者，休養生息，於此曠盪無際之間，實屬化機、化成之象。以先天已成之機，云曰「後天」者，亦無不可也。故周公相陰陽，楊公看雌雄，而地理之道尚矣。

地理為人生後與天地形氣氣感相應之哲理，故以「玄空」為名。而理則不外乎《河》、《洛》、先、後天八卦之妙理也，捨此而言地理者，非天、地、人三才之理，乃傍門無理之理，強以為理也。

致玟說：

《易・繫辭下傳》曰：「古者包犧氏之王天下也，仰則觀象於天，俯則觀法於地，觀鳥獸之文與地之宜，近取諸身，遠取諸物，於是始作八卦，以通神明之德，以類萬物之情。」

伏羲夜觀星象創立《河圖》後，從其陰陽的相配，慢慢地推演了「八卦」。大家所表達的均是時空與萬物的基本變化，兩者是息息相關的。

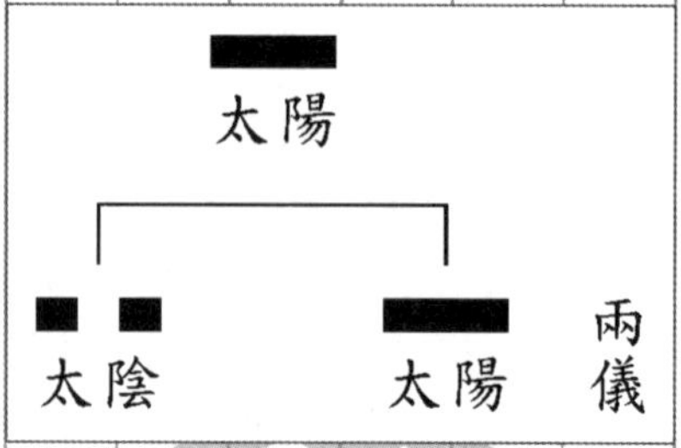

《河圖》只有四象，而卦卻有八體。蓋卦象是由三爻組成，一畫成爻。爻，即交。古代社會中，存在著貴陽賤陰的思想，因此太初只有一陽，名「太陽」。陽是動的，當物件在極速的重覆移動下，肉眼所看到的物件會是靜止的狀態，而陰則是靜態的，故云：「動極生靜，靜而生陰。」在這個情況下，形成「太陰」。「太陽」、「太陰」，稱為「兩儀」。從出土文物中亦有發現卦象，其陰爻的符號「八」，即古文的「分」字，由此可以證明陰爻是從陽爻分變出來的。

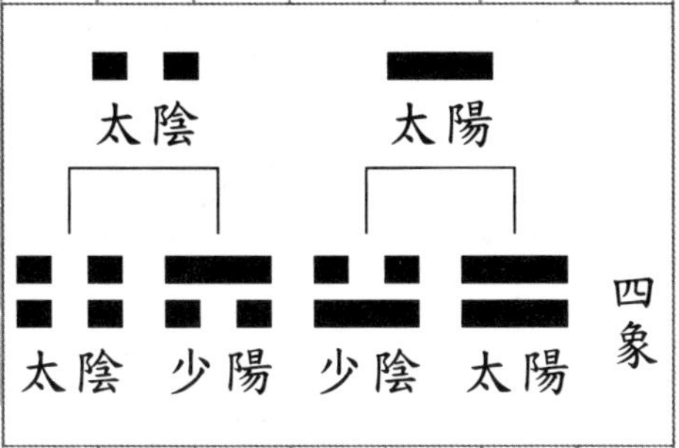

當太陽與太陰再分，即在兩儀之上，各自生一奇一偶而成二畫，便成太陽、少陰、少陽和太陰此四象，亦是《河圖》所顯示的四象。

三交成為八卦，老子曰：「道生一，一生二，二生三，三生萬物。」而《河圖》的四象，均由兩個數字組成，因此，顯示的象雖然只有四個，其實八卦是顯隱其中。

《說卦傳》：「乾，天也，故稱乎父。坤，地也，故稱乎母。震一索而得男，故謂之長男。巽一索而得女，故謂之長女。坎再索而得男，故謂之中男。離再索而得女，故謂之中女。艮三索而得男，故謂之少男。兌三索而得女，故謂之少女。」

八卦，即乾、兌、離、震、巽、坎、艮、坤。乾為天，是陽氣之極；

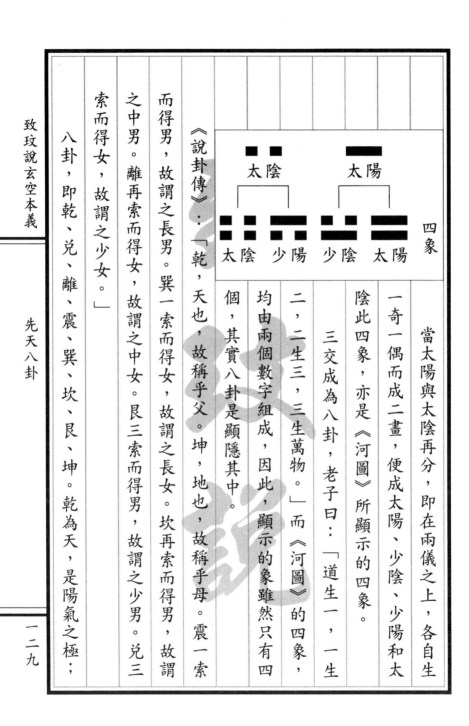

坤為地，是陰氣之極。從陰陽之極通氣相交，八卦由是而生。乾坤衍生的六卦，三陰三陽，各各相對，故曰「乾坤生六子」。

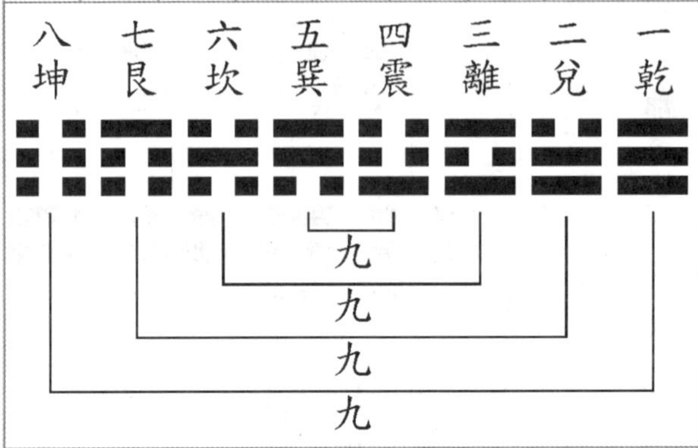

若將八個卦象以次序排列，則由乾開始數至坤，數為一至八，頭尾相加等於九，第二與尾二相加亦是九，第三和尾三相加得九，中間兩個相加也是九。

但從陰陽之數而視，始於一而終於十。其中一、二、三、四、五為五行之生數，即水、火、木、金、土，有氣機而無形質，不用；而十為數之終，亦不用；故只有六、七、八、九可用，《易》爻只用九、六，只因六可進、九可退，取其可變之意，也代表時空與萬物之變化。

試就數理解析，「二進制」（Binary System）的發明是由陰陽概念而來，即各種電子零件如電腦的運算基本數。二進制有兩個數符0和1。進位規則是「逢二進一」，「退一還二」。由於電子元件只有「導通」和「截止」兩種狀態，從而採用二進制較容易表達，這些數制的運算以及它們間的相互轉換，便成了電子計算機的數字基礎，故又有「電腦數學」之稱。

四象	⚏	⚍	⚎	⚌
二進制	00	01	10	11
十進制	0	1	2	3

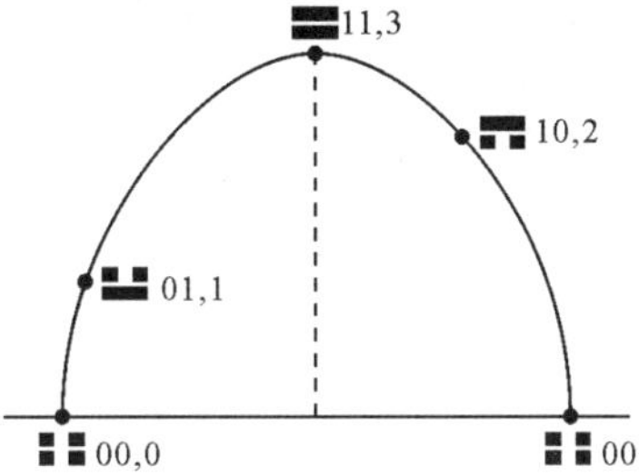

⚋陰代表靜態，數字以0代表；⚊陽則代表動態，數字以1代表。事物的變化由一升一降所構成，而四象表示事物在生滅過程中的四個狀態。⚏表示事物變化的起點，其數是0。⚍意味事物開始生根上長，其數是1。⚌表示事物變化到達極點，其數是3。⚎意味著根損衰落，其數是2。

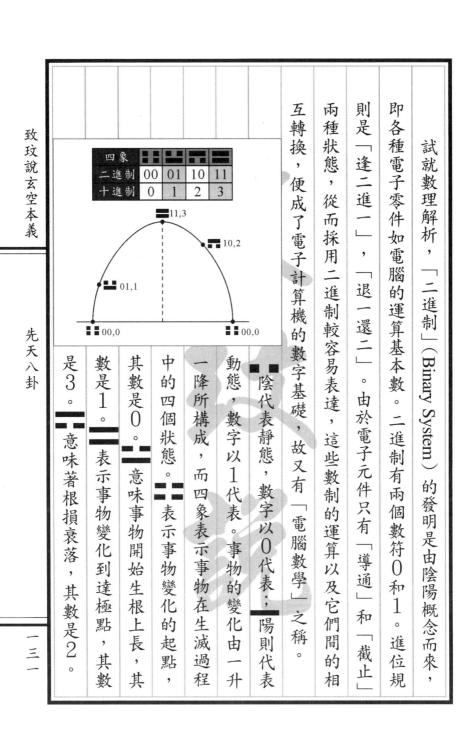

八卦	☷	☳	☵	☱	☶	☲	☴	☰
二進制	000	001	010	011	100	101	110	111
十進制	0	1	2	3	4	5	6	7

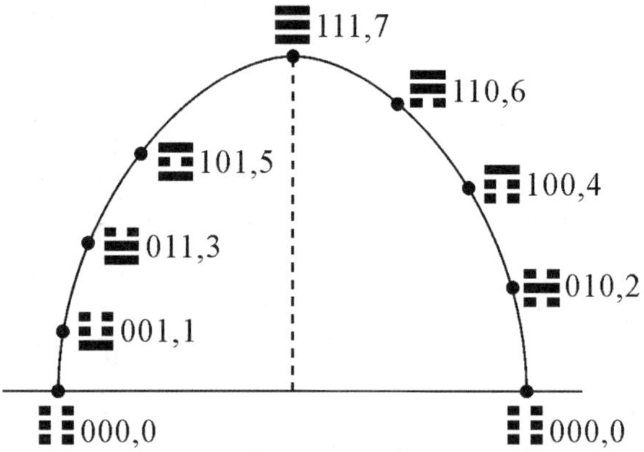

四象代表一件事物變化的四種狀態，八卦則代表此事物的八個形態。以人體生命的變化過程來看，生命的始末點是相同的，生命值為0，為☷坤卦。由胚胎的孕育到成長，生命漸次增強。至中年時，生命值到達最高點，為☰乾卦。隨著年齡的增長，開始踏入中年以後，腎功能開始減退，而腎是生命之根，即中醫的下焦，根虛則體弱，故為☴巽卦。步入老年，中下三焦皆虛，膝關節常隱隱作痛，但有虛火上炎之態，故為☶艮卦。至花甲

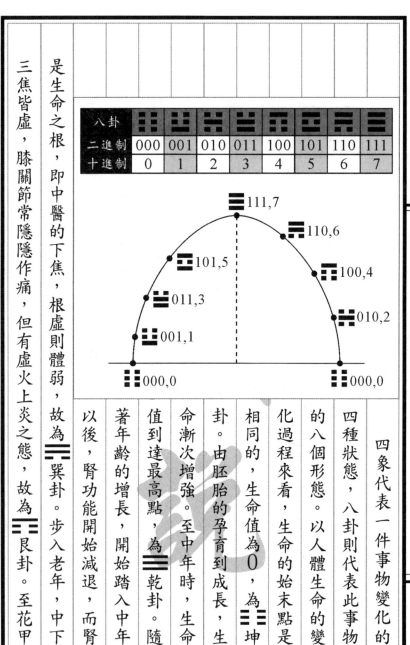

之年，上焦和下焦皆虛，頭腦、手腳已不靈光，生活不能自理，僅餘中氣以保尚存，為☵坎卦。最後返回☷坤卦，上中下三焦俱無，壽元已盡。

從以上兩個圖像中，可以看到當陽氣升時，其十進制的數字均是奇數；當陽氣降陰氣生時，十進制數字則是偶數。

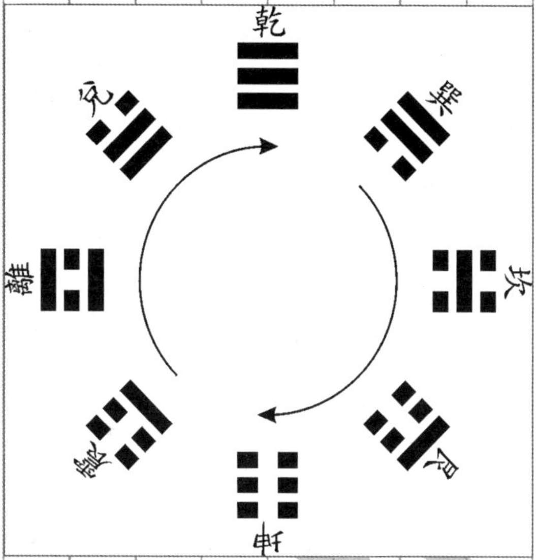

再從先天八卦的位置觀察。

左方，震離兌乾，陽爻在內，代表陽氣開始生長，陰氣漸消。

右方，巽坎艮坤，陰爻在內，代表陰氣開始孕育，陽氣漸退。

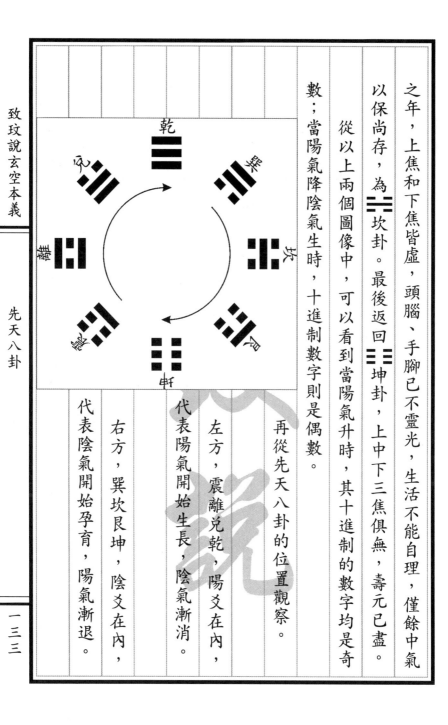

這陰陽的往來，充分體現事物的終始，由無到有，盛極而衰，死而復生。從卦的位置，可見相對的卦象屬相錯之關係，象徵著事物的相對性，如有天必有地、有山必有水、有吉必有凶等。

《說卦傳》：「天地定位，山澤通氣，雷風相薄，水火不相射，八卦相錯。數往者順，知來者逆。是故，易，逆數也。」

乾天對坤地，艮山對兌澤，震雷對巽風，坎水對離火，形成上與下通，陰與陽相配，由是萬物生，五行備，也就是天地自然之道。

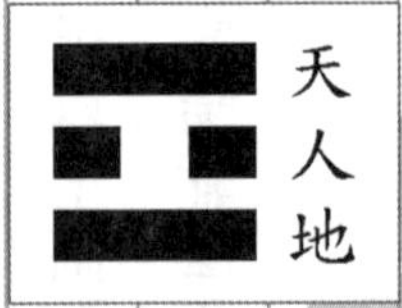

由兩儀到四象，再演而成八卦，均是由陰陽、剛柔相推而成，每一爻分別代表地、人、天，皆象徵著事物的發展，因此，卦即是爻的母，有一卦即有三卦。

《青囊序》：「一生二兮二生三，三生萬物是玄關。」

蔣大鴻又云：「有一爻即有三爻，有一卦即有三卦。」

《河圖》、先天八卦所言的是大自然發生的理念，與及事物的相對關係，是一個本質。雖然當中有時空的概念存在，但只包含事物發展的歷程，其中所衍生的一切變數則未能涵蓋。因此，這只可稱為「體」。

如一塊麵包，由材料到完成的程序基本是一致的，但在製造過程中，捏塑的造形、烘焙的時間有差異，出來的效果亦會不同。生產的過程是「體」，製造過程便是「用」。

「體」是一個不變的定律，而玄空風水所講求的，是在有條件限制下，隨著事態的發展，從眾多不同的變數中，採用最佳的選擇。這個選擇是人為的、是可改變的，視乎人為的決定，亦即是「用」。

先天為體，後天為用。不管先天結構如何，還需配合後天的適當運用，才得以發揮至臻。

先天八卦所表達的，是萬物的盛衰過程，事物的相對概念，也就是玄空風水中往來、虛實、前後、座向、吉凶等分立的原則。這一切，皆由後天去發動。

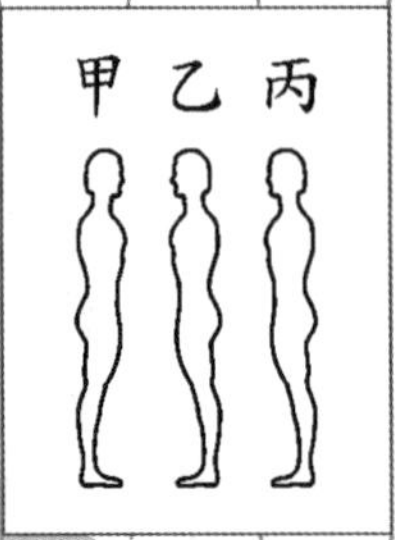

如圖中三人，乙的前後各有一人，甲站在乙的前面，按道理乙即站在甲後面，但甲的後面卻沒有人，這便是相對的概念。這概念是由主觀作出發點，因應不同的個體產生不同的答案，而「八方因我而立」的理論亦由此而引申。

後天八卦

原文：

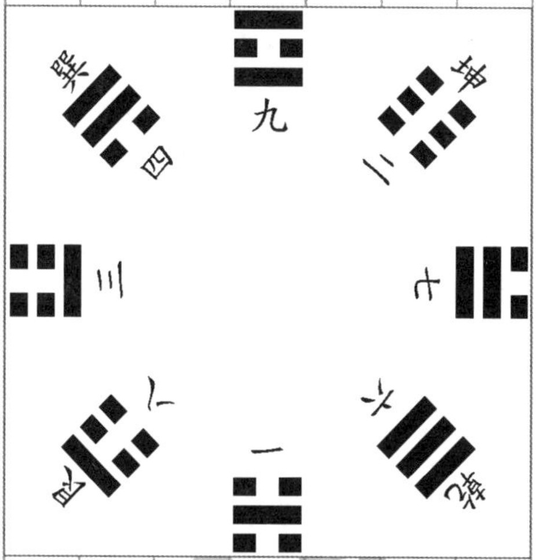

《易》曰：「帝出乎震，以至成言乎艮。」為四時流行之氣，循環無端，即寓河圖木、火、土、金、水，四方流行之氣也。此後天八卦之五行次序，所以如此擺佈也。非八卦陰陽老少之次序，乃八卦五行情性流行之氣若是也。八卦之用，八卦之氣，人物之感，悉兆於此。

有天地定位之氣體，而後有出聚相見、致役、說言、戰勞、成言之形性。所以云「後天」，實則有氣自成形，有形自有感，乃同時、同氣相應而成，並無先、後之分也。曰「先天、後天」者，形氣相感之先後耳，非八卦之有先後也。

世以伏羲、文王名之者，不過闡述之有先後耳，非八卦之有先後也明矣。有體無用，有用無體，世無此理，豈大《易》之道，尚能有先後之偏廢哉？

方隅惟八，故卦亦八，乾、坎、艮、震為陽一片，巽、離、坤、兌為陰一片；一、二、三、四為上元一片，六、七、八、九為下元一片，此數之流行次序，非八卦陰陽老少之次序也明矣。

數始於一，故用卦運起於坎一，虛其中五而終於離九，坤順也。資生萬物而承天，故體卦始於坤，而終於乾。先後天上下相須而成用，是為真理氣、真玄空。世以後天八卦之呆方位，並以洛書九數之當令一數入中，順逆飛佈為用者，未明河洛先後天卦理之原理也。

書云：「數有數之陰陽，卦有卦之陰陽。」即指後天為言，四正一三七九，數之陽也；而卦則坎震屬陽，離兌屬陰；四隅二四六八，數之陰也；而卦則乾艮屬陽，巽坤屬陰。

又云「上元是陰，下元是陽；上元是陽，下元是陰」者，亦含卦與數之陰陽為言也。上元一三運，卦數一三坎震均屬陽；下元七九運，數之七九屬陽，而卦之兌離屬陰矣；上元二四運，數之二四為耦，而卦之坤巽亦屬陰；下元六八運，數之六八為耦，而卦之乾艮屬陽矣。

陰陽奇偶，活活潑潑，非一例而言也亦明矣。總之陰陽卦數，得玄空六法真訣者，各有行用，有條不紊，不能絲毫假借也。世無研究者，故混雜而難分。

世又有以一四七與二五八與三六九為三般卦者，有以一四七為孟，二五八為仲，三六九為季者，豈知三般卦只有一四七，而無二五八與三六九，乃指卦與數言。孟仲季之一四七與二五八與三六九，乃指九數之次序言。一實一虛，有條不紊，理數之難明於此可知，莫怪世人之難於入門也。語云：「陰陽蒙憧，豈蒙憧哉。」不易悟徹耳，無人指示耳。

致玟說：

八卦，有先後天之分。伏羲八卦，即先天八卦，述說了萬物變化的基本規律，但當中出現的種種變數卻未能涵蓋，周文王於是將伏羲的八卦重為六十四卦，使每一卦有六爻，以盡言各種可能變數的情況，而後天八卦便是摻雜了時空變化和時序觀念的圖象。

先天八卦只有方位，是從整個宇宙作出發點；後天八卦則有方位及四時，是從萬物存活於地球作出發點，至此才活現天地間一切所有變化的總原理。經過陰陽的交互，先天八卦演變成後天八卦。

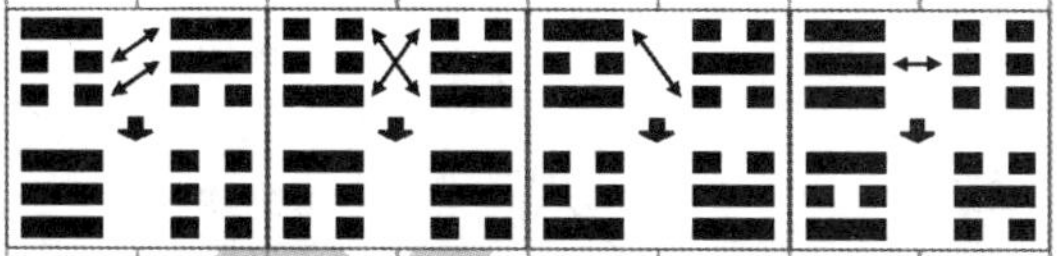

火之體是陰，用則是陽，天用之；水之體是陽，用的是陰，地用之。將兩者中爻互換，變成離坎二卦。

火在地中，陰氣自上壓而奮出；水聚地上，陽氣自下敷之而滋潤。把離上爻與坎下爻互換，則成震兌。

陽感於陰則山出雲，陰感於陽而水生風，這是雷與澤的上相感。將震兌的上下兩爻互換，便成為艮巽。

風本是天氣，因與山交而入其下，下與地接；山本是地質，因與風交而出其上，上與天接。把艮下二爻與巽上二爻互換，便成為乾坤。

卦是由陰爻與陽爻組成，卦的性情透過交易而相通，而體則變易無定，先天交變以成後天，亦只是依照各卦本身的類別和位置而已。

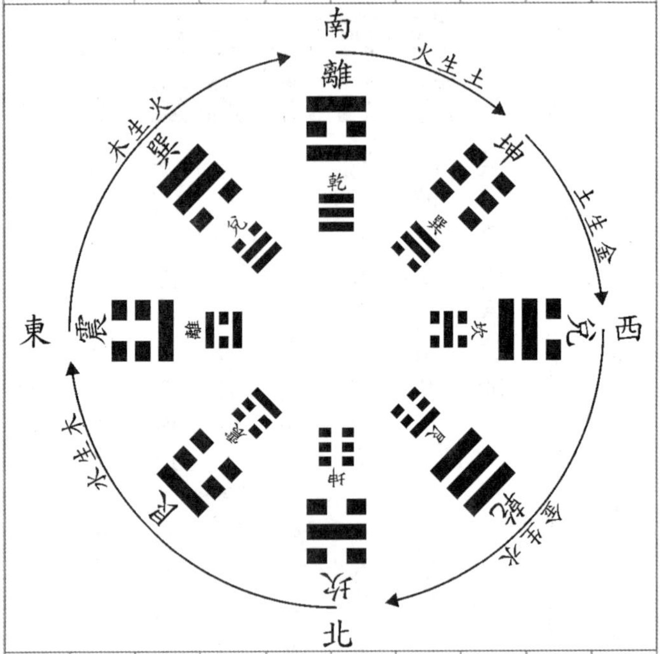

《說卦傳》：「帝出乎震，齊乎巽，相見乎離，致役乎坤，說言乎兌，戰乎乾，勞乎坎，成言乎艮。萬物出乎震，震東方也。齊乎巽，巽東南也，齊也者，言萬物之潔齊也。離也者，明也，萬物皆相見，南方之卦也，聖人南面而聽天下，向明而治，蓋取諸此也。坤也者，地也，萬物皆致養焉，故曰致役乎坤。兌，正秋也，萬物之所說也，故曰說言乎兌。戰乎乾，乾西北之卦也，言陰陽相

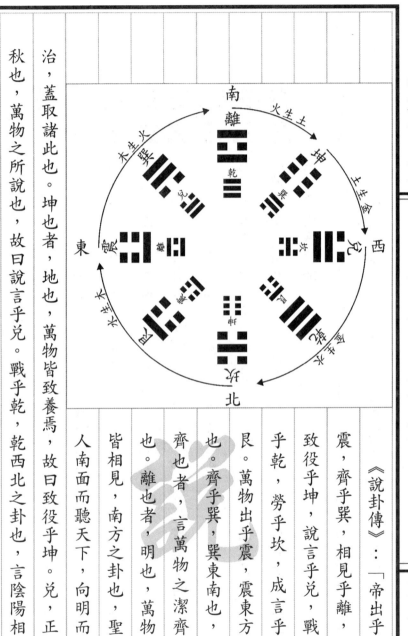

薄也。坎者，水也，正北方之卦也，勞卦也，萬物之所歸也，故曰勞乎坎。艮，東北之卦也，萬物之所成終而所成始也，故曰成言乎艮。」

在文王八卦中，把八個卦象分別配上方位和四時，同時把五行配合，八卦遂起了生剋的作用。

《春秋繁露》：「天有五行，一曰木，二曰火，三曰土，四曰金，五曰水。木，五行之始也；水，五行之終也；土，五行之中，此天地之序也。木生火，火生土，土生金，金生水，此其父子也。木居左，金居右，火居前，水居後，土居中央，此其父子之序也。」

又曰：「是故木居東方而主春氣，……水居北方而主冬氣，……土居中央，為之天潤。土者，天之股肱，其德茂美，不可名以一時之事，故五行而四時，土兼之也。」

以五行配四時，土居中央，在季節中代表四季。從八卦圖中亦可見坤土與艮土可以貫通中央，而連成一條直線，八卦的中央好像不存在任何東西，其實有土隱含其中。

五行的生剋，分別是水生木，木生火，火生土，土生金，金生水，及水剋火，火剋金，金剋木，木剋土，土剋水。生剋成一循環，卻不能逆轉而行，這種「往而不復的循環」，正正就是時間的觀念。時間是虛無縹緲、觸摸不到的，透過晝夜、天氣，我們知道時間的存在，它是不斷的循環。但對於生命而言，時間雖然循環不息，但永不能逆轉而行。

以八卦配合方位與四時，如同以五行配四時的作用一樣。時序的推移，由春而夏，至秋到冬，就是由東而南，至西到北。由四時帶動四方，也就是空間的變化。

《洛書》除中五外，其餘數字位列八方，恰與八卦的排列一樣，於是以後天八卦與之相配，卦象的代表數字便由此而來。

《洛書》及後天八卦皆表現時空的種種變數，比《河圖》與先天八卦多加了時序推移的因素，生命是循著時間的軌跡前進。因此，在實際應用於玄空風水時，方位及五行均參照後天八卦及《洛書》。

太極、《河圖》、《洛書》、先後天八卦均由《易》而來，當中蘊含陰陽、時間、空間、位置、相對、變易的道理，玄空風水的理論亦是根據以上的概念發展出來。現就《河圖》、《洛書》及先後天八卦作配合比較，闡釋風水學理的重點。

河圖數

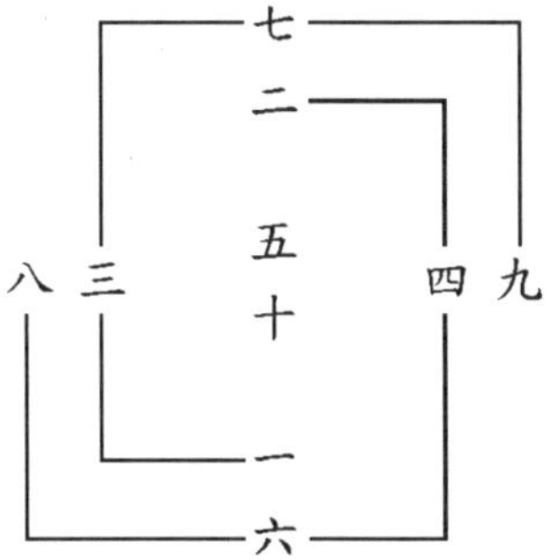

洛書數

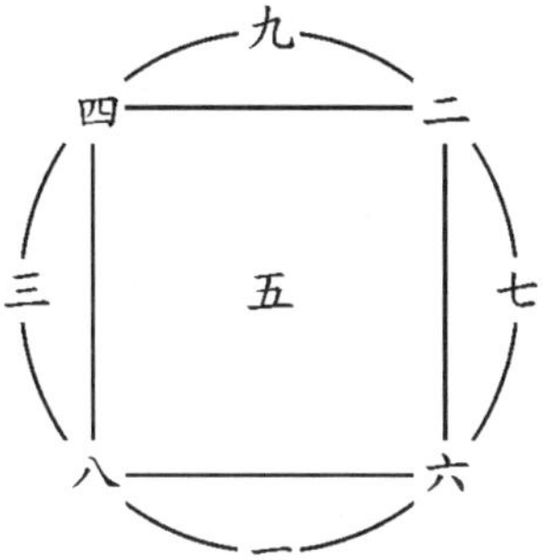

《洛書》的排列，左邊原本是一二三四，右邊是六七八九，為表達變化，將與

中五同屬土的二八互易。從排序上觀察，《河圖》陰陽以順時針方向轉動；《洛書》未變之前，一二三四以順時針方向轉動，六七八九以逆時針方向轉動，同樣是代表變化的道理。

從算術上看，《河圖》數的加減，奇數三加七等於十，十減九等於一；偶數四加六等於十，十減八等於二。《洛書》數的乘除，奇數三乘九得二十七，二十七除一得二十七；偶數八乘四得三十二，三十二除二得十六。《河》《洛》是中國古代數學之源，前者是加減，後者是乘除，而乘除是複雜化的加減。

前已提及，《河圖》數是兩相從的關係，《洛書》則是三相從。《河圖》生數在內，成數居外，生數二加三等於五，四加一亦是五，將所有生數相加等於十，即中央的五、十；成數七加八等於十五，九加六亦是十五，把所有成數相加等於三十。而《洛書》不論把三個數字以縱橫斜相加，所得的總和皆是十五。

從圖象的結構分析，兩者的系統是一致的，彼此是互有關連的。而《洛書》則多了一種元素，令變化更大、更複雜。由此觀之，《河圖》代表先天，《洛書》代表後天，這個理論是毋庸置疑的。

先天八卦配河圖

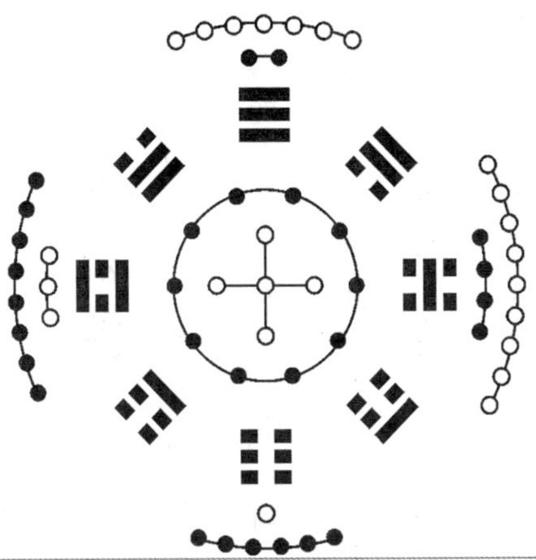

後天八卦配河圖

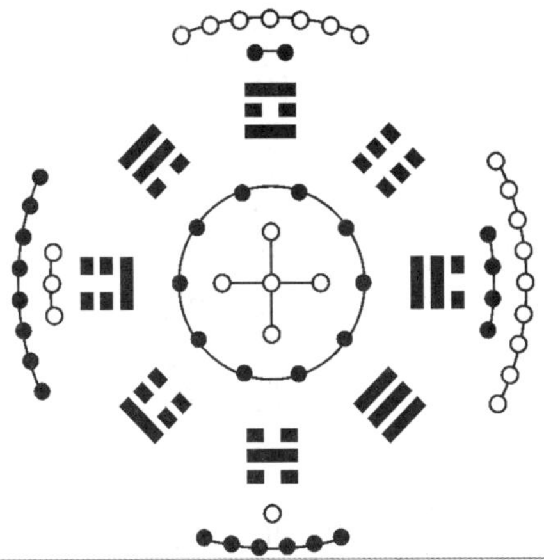

八卦是從《河圖》引申而來，將先後天八卦與《河圖》相配，便會發

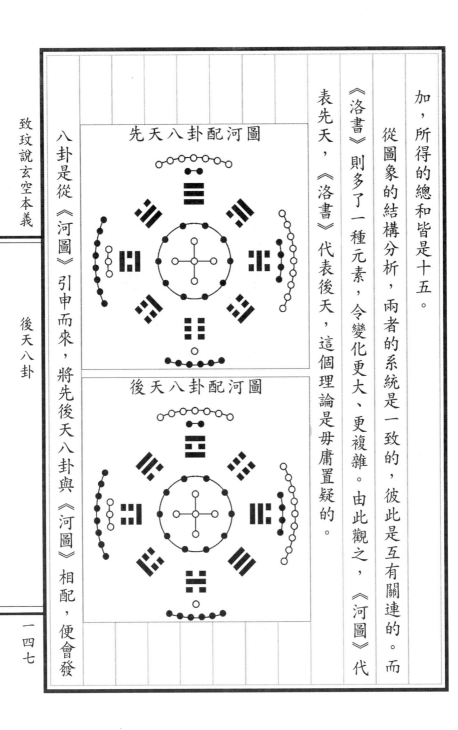

現其有趣之處。

先天八卦配《河圖》

《河圖》的排列，左邊的天數是一三五七，右邊的地數是二四六八，順時針方向前進；先天卦以順時針方向推演陰陽的漸次消長。彼此皆表達陰陽的進退消息，象徵事物的成長。

兩者的理念雖然一致，但《河圖》有五、十土居中央，八卦則中空。

《河圖》天數之始在下，地數之初居上；先天卦的數字排列是乾一、兌二、離三、震四、巽五、坎六、艮七、坤八，代表天地的乾坤與《河圖》的位置逆轉，從數字順序而視，則一二三四從左面逆時針邁進，五六七八於右方順時針方向進發；分陰陽的消長觀察，而交界處在東北、西南方。

《河圖》的四方只有金、水、木、火，必須透過中央土，五行才完整。而先天卦的一二三四俱是陽在內，五六七八是陰居內；震四、巽五分別是陰陽二氣初升的卦象，乾一、坤八是陰陽之極。陰陽之界在東北、西南方，要跨越這個界線，只有透過中土，而陰陽的概念是相反的，因此，越界後亦循相反的軌跡而行，中雖空，其實土隱含其中。

後天八卦配《河圖》

將兩圖配合，可以看到一六水即後天的坎卦，三八木即震巽，二七火為離，四九金為兑乾，而五十中央土即東北、西南方的艮坤。

八卦中只有水、火兩個五行是單一的，依此放置坎、離二卦的道理淺顯易明。

震巽、兑乾兩組，河圖數由一陰一陽組成，東方陽在內，與震卦相同；西面陰居內，與兑卦無異，故將震、兑設於正位，把巽、乾居隅位。

由於東北、西南方是陰陽的交界，只有土可以居之，因此在東南、西北方安放巽、乾兩卦，把艮、坤置在東北、西南方。

由東南至北方的卦屬陽，故把同樣屬陽的艮卦置於東北方；由南方至西北方則屬陰，因此，將屬陰的坤卦放在西南方。

相互配合後，大家可以察覺到五行的順生關係。

將先後天八卦分別配合《河圖》後，可以看到後天卦的形成，只是為切合《河圖》的五行順生概念，尚未存在多大用途。

而先天卦與《河圖》所表達的思想則大得多，它們代表著萬物的基本盛衰演變、陰陽的相對理論次及物極必反的道理，但這一切只是基本設定，並未加入環境變數。因此，兩者只能反映事物的原貌，是一個大趨向，但非必然性。

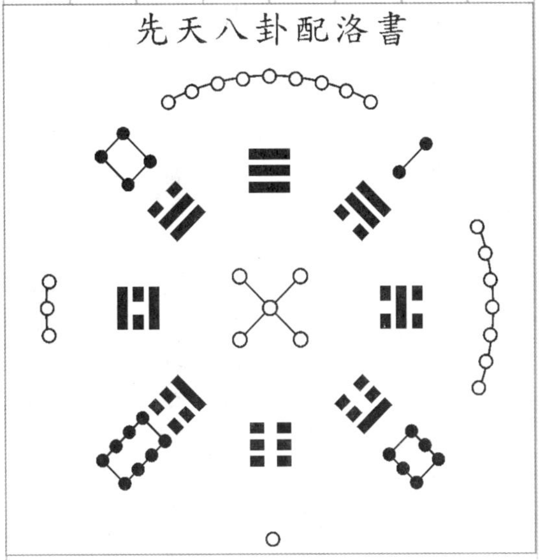

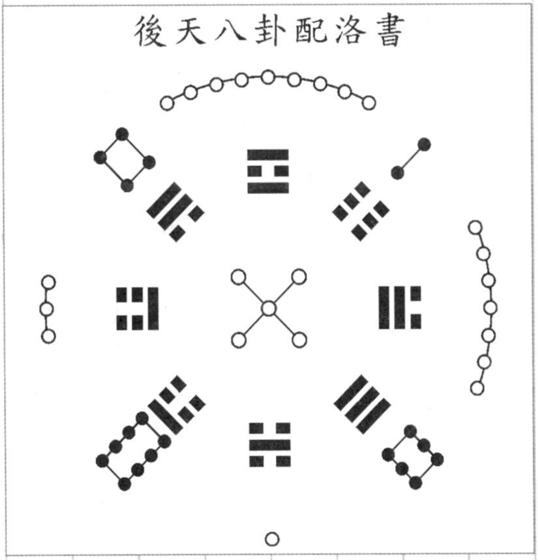

先天八卦配《洛書》

將卦與數配合，依數字順序分別是坤一、巽二、離三、兌四、艮六、坎七、震八和乾九，展現陰陽的進退；在排列的位置上，陰陽各各相對。

這只代表《洛書》與先天的理念是一致的，從而加強後天卦配《洛書》的

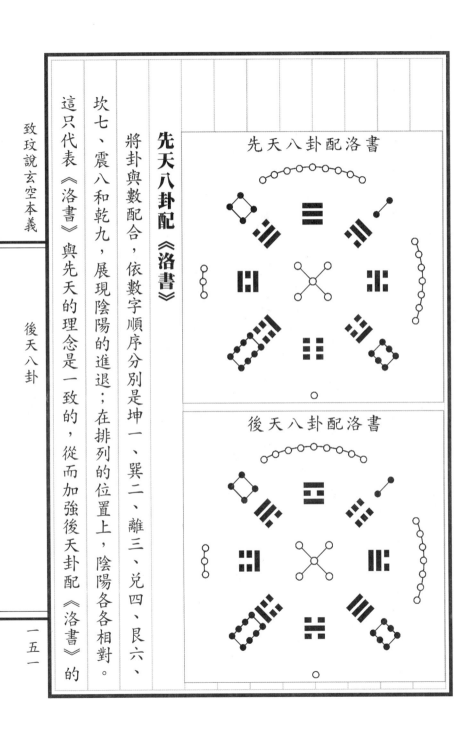

實用價值和必然性。

後天八卦配《洛書》

《洛書》的數字原本只有陰陽的屬性，透過後天卦，數字所代表的五行才衍生。依數字的次序排列是坎一、坤二、震三、巽四、乾六、兌七、艮八及離九，巽、離、坤、兌位於右上方，震、艮、坎、乾則居左下方。

由於《洛書》與後天卦皆加入了時序這個環境變數，令結果增加變化性和複雜性，更切合現實環境。因此，在實際應用時，毫無疑問應該以此為準則，而談養吾的「二元八運」理論亦由此而來。

由先天卦配《河圖》到後天卦配《洛書》，中間的過程是得出結果的步驟，「二元八運」論是單取結果而無視先天本質的理論，先天代表了自然界的基本系統，是不容忽視的。

以人類為例，每一個人的先天本質受載有遺傳密碼的染色體，即脫氧核糖核酸（Deoxyribo Nucleic Acid），簡稱DNA，其所影響的範疇包括疾病、外貌、性別、性格等等。隨著後天日常生活、飲食習慣、教育程度、家庭狀況、人際關係等等因素的影響，個人的性格、健康等會有所轉變，但與生俱來的外貌、骨架、性別則不會因此而改，亦即是說本質是不變的。

同樣道理，周流地球間的氣機，在本質上是不變的，變的是時態上的發展取向。而先天卦與《河圖》正好就是表達先天本質的工具，視察大環境的大趨向，以《河圖》數計算地運的本質，亦即以「河圖五子運」推算「大玄空」。

由於先天只是本質，未算完整，必須混合後天的環境變數，才可確切地視察氣機的流轉，後天卦與《洛書》便是計算的工具。

陰陽是造成萬物形態的重要元素，但仍未足夠製造生命，猶如沒有靈魂的軀體，必須經過交媾，生命才會誕生，中五土便是靈魂的所在，代表了時間的變數。它象徵著天地人三才的中間位置，而卦有三爻，《河圖》到《洛書》由兩相從至三相從亦是同樣道理。

後天卦配《洛書》，使數字有了五行的屬性，卦雖然只有八，但打從起首，中五土便一直隱含其中，故數字有九。

因此，在後天的氣機流播中，三是一個基本，九是一個發展。若依「二元八運」論，則無異是捨靈魂於不顧，徒在死軀殼上下功夫。

「三元九運」的計算，是由甲子年開始，每二十年為一運，代表陰陽之氣的生成，由一至九順序排列，共九運，以數字代表五行及陰陽屬性。

由於艮、中五土、坤是陰陽的交界，因此，五的陰陽屬性寄於坤艮，以頭十年為陰，尾十年為陽。

每元管三運，表示三畫成卦，共六十年。分上、中、下三元，象徵天地人三才，合共一百八十年。歲次由十天干配十二地支而得，每六十年成一循環，稱為「花甲」或「六甲」，故「三元九運」又名「六甲運」。

將此細分，每運的二十年、每年的十二月、每日十二時中，亦有三元之六甲，俱可納在九宮推算而知其衰旺。

從「三元九運」正線盤的上山下水局圖表中，可以窺見其陰陽順逆的排佈，與《河圖》、《洛書》及先後天八卦是一致的。

一運、九運：主要是雙星到山或雙星到向的格局，並無上山下水。

二運、八運：艮坤、寅申、辰戌上山下水。

三運、七運：甲庚、巽乾、巳亥上山下水。

四運、六運：丑未、卯酉、乙辛上山下水。

五運：壬丙、艮坤、寅申、甲庚、巽乾、巳亥上山下水。

三元九運正線盤上山下水局圖

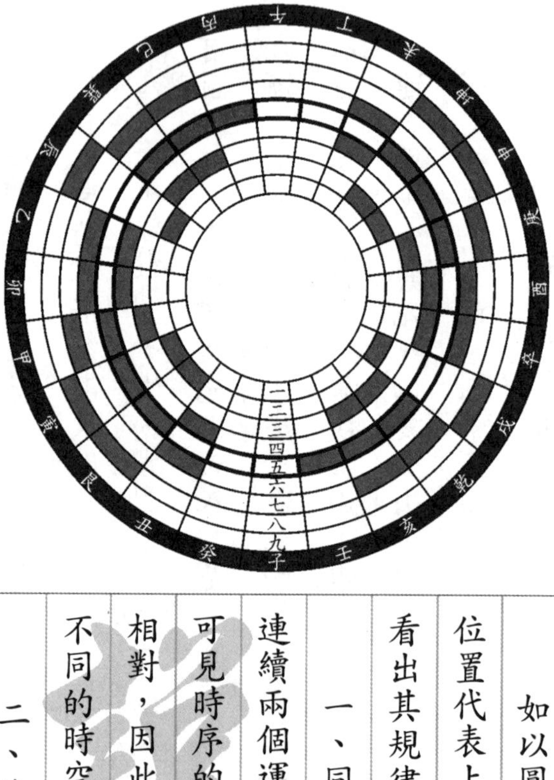

如以圓圖排列，灰色位置代表上山下水，不難看出其規律。

一、同一個座向不會連續兩個運出現此情況。可見時序的推演、萬物的相對，因此，每個座向於不同的時空有吉凶之別。

二、除一運及九運外，每個元運均有三個組合出現上山下水。

三、十二個山向組合中，只有子午及癸丁沒有上山下水的情況。兩邊呈二一二、三、二一二的開展。在先天卦中，這兩個方向分別代表乾、坤；於後天的洛書數，則代表一、九。是皆代表事物的終始。

四、相同元運的上山下水局組合，除五運外，以一三二或二三一陣式排列，即中間必相隔三個組合。但五運則成三三三陣式。

五、把圖表以五運作中線對摺，發現一至四運與六至九運呈鏡面反射的排列。也就是物極必反、相對的道理。

由此可見，「三元九運」並非強加附會而成，其顛倒順逆、陰陽排序等，均是經過精密的計算，而基礎的運算式，又與《易》學息息相關。

《無極真傳》：「天數經九易，氣轉三元，顛倒三八，旋乾轉坤，元空定卦、分星、起星下卦之法，都由北斗運行而使然也。其法，分一二三四五六七八九為三元，至其陰陽順逆顛倒，又隨時而在者也。」

蔣大鴻《八宅天元賦》：「欲明八宅之真，先識九宮之數。年分甲子，運轉三元。」

《青囊經》：「是故順五兆，用八卦，排六甲，布八門，推五運，定六氣。」

清楚說明後天八卦之作用為定九宮。九宮既定，即可按三元九運，再根據實際環境，推斷出宅穴對戶主的影響，繼而作出改善。改善之道，亦不外乎將五行加以趨旺或化洩而已，務求使全宅氣機調和、陰陽平衡，此即玄空風水之旨。

談氏又云：「三般卦只有一四七，而無二五八或三六九。」「三般卦」有二種，其一為一運用一二三，二運用二三四等等，以元運來計算星的生旺衰死。

另一為「經四位起父母」的「父母三般卦」，即「七星打劫」，又名為「真神路」。此三般卦有三，為一四七、二五八及三六九；即由離宮起經四位至乾，復經四位至震，得出九六三；由坎宮至巽再至兌，得出一四七；而二五八則由「艮坤易位」之理而成。

6	5	4
7		3
8		2
9		1

由於前人多以「排山訣」來解釋此法，即以一至九的當元數字為父母開始，逆數至第七位，再由得出的數字逆數至第七位，剛好成一循環，故稱為「七星」。

根據這個方法，離、震、乾三宮可以得出一四七、二五八和三六九的組合，惟必須成雙星到向的格局，方允稱「真打劫」。

雙星到向，即向首納得當元旺氣，而另外兩宮的山水二星屬同氣，三者可透過相同的擺設達致相生效應，從而使吉氣流遍全宅，力量便相應增加。但礙於客觀環境，真正能符合條件去佈局的宅寓實在是寥寥可數。

釋九宮九氣

原文：

《洛書》以九數而畫九宮，運用在於中五。五，即極也。

四	九	二
三	五	七
八	一	六

四五紀	九五福	二五事
三八政	五黃極	七積疑
八庶徵	一五行	六三德

先天之數，虛其中而八方對待，其數合九。井田之制，八方為私田，而中為公田，公私合九，禹敘「九疇」，一五行至九五福亦九也。

地理納八方之氣，而乘中央之氣，合上下四方而亦為九。

數始於一而終於九，五為九數之中數，中而且正，故以為極。所以論體論用，均不外乎九。

先後二天以卦言則祇八，以體與用統而言之則皆為九。雖云有九，而用則只有八也；惟雖用八，而實不能離中五而言用也。舍中五而言八，則無極而無主矣，不過中五之用，與八方八卦之用有異而已矣。體用合而言之，故曰「九宮」，亦曰「九氣」，世以九宮論九運之謬者，不辨自明矣。

致玟說：

四綠巽木 文曲	九紫離火 右弼	二黑坤土 巨門
三碧震木 祿存	五黃土 廉貞	七赤兌金 破軍
八白艮土 左輔	一白坎水 貪狼	六白乾金 武曲

巽	離	坤
震		兌
艮	坎	乾

九宮即飛星盤，依卦分宮，配數成九星。九星之次序依斗數的命主星系，但五行卻不同，乃依方向

的卦屬五行而定，即一白貪狼水，二黑巨門土，三碧祿存木，四綠文曲木，五黃廉貞土，六白武曲金，七赤破軍金，八白左輔土及九紫右弼火。

星的名字，於玄空風水學上並不重要，看的只是卦象，從中可判別其陰陽及五行屬性。

《青囊經》：「中五立極，臨制四方。」

又云：「地有四勢，氣從八方。」

立極即將元運之星佈入九宮的中央，然後按次序一一挨排，便可察看八方之吉凶。由此可知辨別天心的重要。然而中五並非無吉凶可言，意思是從中央的主體來定出座標，判別四周。如圖中甲、乙二人的前後左右皆空蕩，則兩人均是站在中宮，並非單指屋的中心。

《天玉經》：「二十四龍管三卦。」

又云：「干維乾艮巽坤壬，陽順星辰輪。支神坎震離兌癸，陰卦逆行取。分定陰陽歸兩路，順逆推排去，知生知死亦知貧，留取教兒孫。」

八方即八卦八宮，乃依後天八卦的方向而定。每卦分三山，由右至左分別是地、天、人元龍，各有陰陽，正卦成陽陰陰，隅卦成陰陽陽，依陰陽順或逆飛，成二十四山，共四十八局。如是，便能起出山、水二星的飛星盤。當出卦時則用替星，合共九十六局。

以八運子山午向為例：

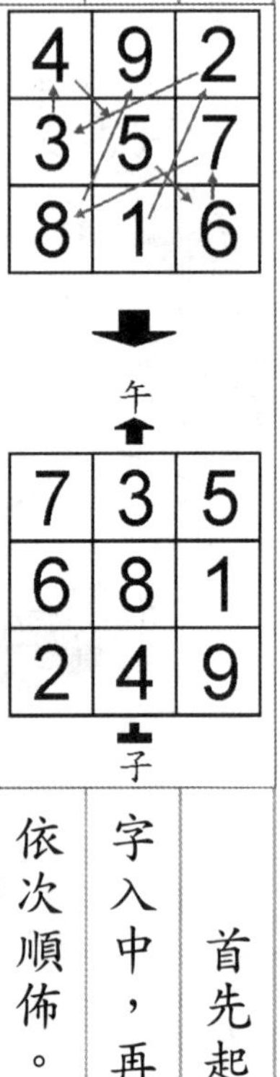

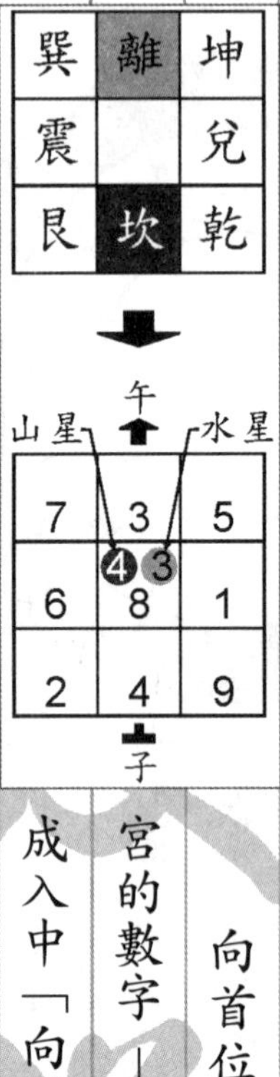

首先起出八運的運盤，將八字入中，再根據元旦盤的軌跡，依次順佈。

向首位於離宮，將八運中離宮的數字——三置在中宮的右邊，成入中「向星」，又名「水星」；

座山位於坎宮，把所屬的數字——四置在中宮的左邊，成入中「山星」。

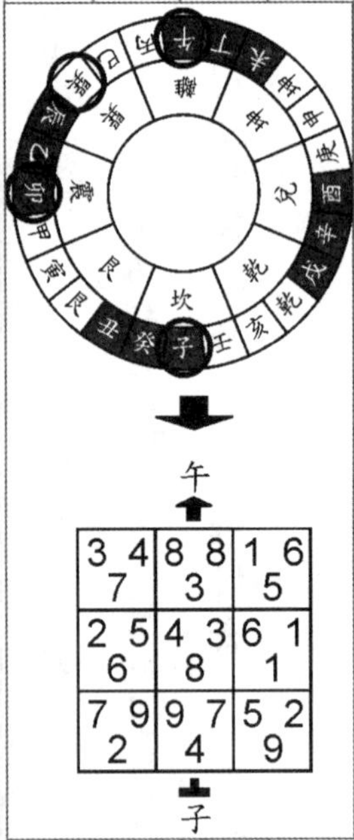

從表中查知子午向屬天元龍，向首三即震卦，天元龍為陰，逆飛；座山四即巽卦，天元龍為陽，順飛。

若量度座向時，磁針指向分金的兩旁，即屬「兼線」。當子兼癸，癸與子同屬陰，毋須用替星；子兼壬，壬屬陽，即陰兼陽，稱為「出卦」，用替星。

換言之，在二十四山向中，只有圖中淺灰色的地方才需要用替星。

蔣大鴻對替星的使用，有此口訣：

子癸並甲申，貪狼一路行。壬卯乙未坤，五位爲巨門。

乾亥辰巽巳，連戌武曲名。酉辛丑艮丙，天星說破軍。

寅午庚丁上，右弼四星臨。本山星作主，翻向逐爻行。

廉貞歸五位，諸星順逆論。吉凶隨時轉，貪輔不同論。

天星的名字，代表數字。貪狼即一白，巨門即二黑，武曲為六白，破軍是七赤，右弼為九紫，廉貞即五黃。

八運子山午向兼壬癸，出卦，故用替星。

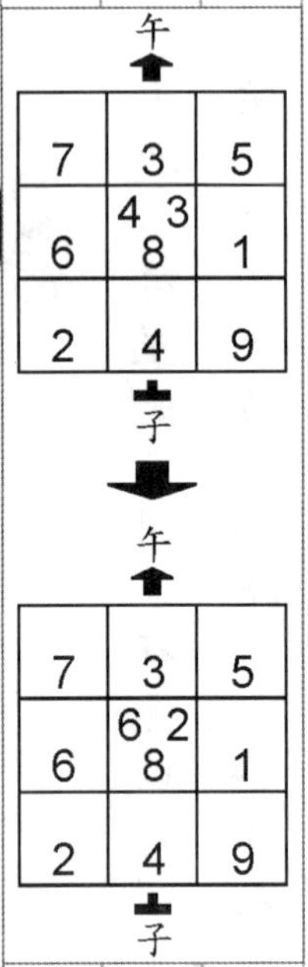

向星本是三，震的天元為卯，以二代替；山星四的天元即巽，以六代替。

卯屬陰，逆飛；

巽屬陽，順佈。

五黃無替星，因此，當遇上五黃入中宮時，則與正線盤一樣，依照令星的元龍而飛佈。

飛星盤完成後，即可參照每宮山水二星的生剋關係、星的生旺衰死而判別吉凶。飛星可配成六十四卦，以水星為上卦，山星為下卦，稱為「下卦」。

如八運子山午向，坎宮為七九，以兌為上卦，離為下卦，得「澤火革」。以水星為用，七赤金被九紫火剋，為剋入，主自己不斷改變進財的手法，惜七已退氣，故有是非、毀折的事情，且容易招惹性質不良的桃花。化解之法是擺放艮土，則可以口才來求財。

以山星為用，九紫火剋七赤金，為剋出，主受環境的影響而漸漸改變行業之性質，是事業的晉升，為人亦較豪爽。

九宮的每一個宮位皆可依此推斷，中宮亦然。

每宮的生剋關係有五種情況，為生入、生出、剋入、剋出及比和，以元運定生旺衰死。但有一點尤為重要，即使化解得法，該宮的星情依然存在，只是問題變得無傷大雅而已。

九宮是循一定的軌跡流佈，不可胡亂扭轉，尤其是在推斷流年、流月時，更形重要。坊間每每扭動飛星圖來符合樓宇的設計，自作聰明的以為更容易佈局，殊不知弄至宮位混淆不清。

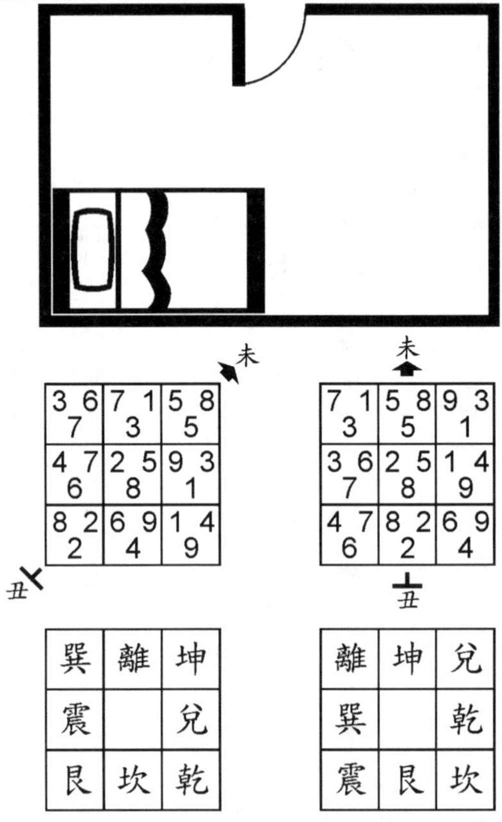

正確　錯誤

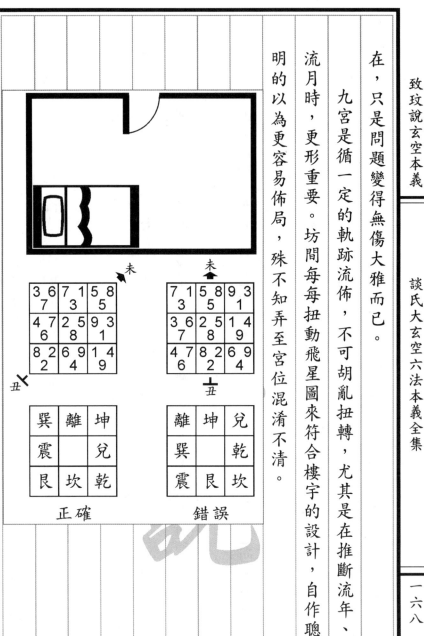

如圖中的單位，屬八運丑山未向。門口設在離宮，盪卦成「水澤節」，生入，主科名。床頭則在艮宮，八白是當元的旺星。兩者均屬八運的生旺氣，毋須大肆改動。

若將飛星圖強加扭轉，變成為八白門，床頭在七四的位置，佈局與克應便截然不同。如門口不作任何改動，只於床頭擺設九紫火的物件，則九紫火能生旺八白土，當然是沒有大岔子，算是大幸。就是這種巧合，而導至出現時對時錯的情況，致令坊間產生一個美麗的誤會。

其實，只要憑星斷事，便真偽立判。一七主以名望來進財，頭腦會較冷靜、清晰，但聲譽是慢慢建立得來的。八五則主高雅的行業，但求財手段不夠靈活。

二八主人健康穩健，愛整潔，氣質帶點孤傲。七四加了九紫火擺設，性格較陰柔略帶浮誇，愛裝扮，喜流行物品。

兩者均可令宅中人順遂，再加上不懂得移步星移的道理，難免令人誤會。但一經斷事，則真真假假，無所遁形。

要知道世事不會永遠湊巧，幸運之神總有離開的一天，至闖出大禍時才猛然驚覺，為時已經太晚，不知累煞多少人家。

不論是職業術師或是業餘愛好者，均必須具備作為「人」應有的責任心，在相宅時發覺自己所設計的佈局有問題時，必須反省岔子究在那兒。若是因一己的學藝問題，更要勇於承認，然後另覓良師，終有修成正果的一天。

飛星盤的宮位是依後天八卦而立，化解亦據所在宮位而設。坊間又有一個謬誤，把先後天八卦與飛星盤混合，指出有時為增強一個宮位的化洩力量，在先天相應宮位或後天相對宮位擺放相同的物件，以為可以加強力量。其實，這純粹是閉門造車的創作而已。究其原因，是不明白《河》、《洛》、先後天八卦的理念。

致玟就其理論作一個解釋：

先天相應宮位

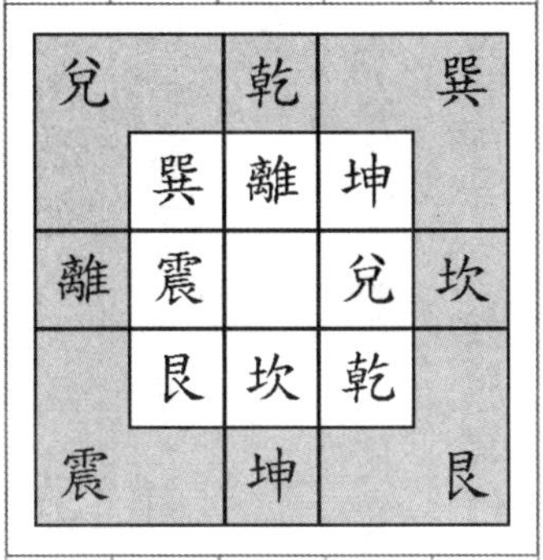

灰色部份屬先天八卦，中間屬後天八卦。

如乾宮，乾的先天在後天的離位，後天的乾居先天的艮方。因此，在後天的離位及先天的艮位作相同擺設。

後天相應宮位

把乾與坤配、震與巽配、坎與離配、艮與兌配，當要在乾宮作補救時，便於坤宮同時作化解。

根據上述的理論，乾宮飛星是二五交加，要以金水兩用作補救，則屬先天相應宮位的離宮，及後天相應宮位的坤宮亦要放上同樣的擺

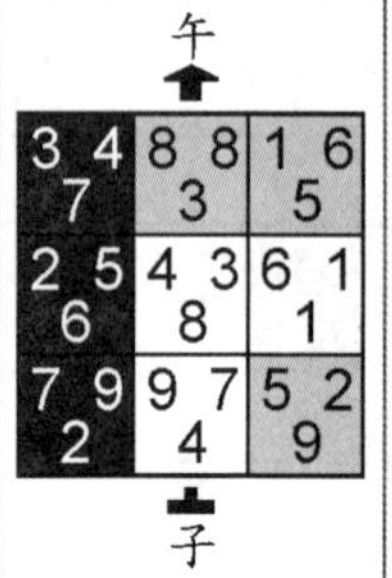

設。離宮為八白旺星之所在，於此放置金水物件，是洩走旺氣。坤宮原本的宮氣已屬金水，一白水是未來的生氣，故亦無礙。

與乾宮一樣，震宮同是二五交加，先天相應宮位為艮宮，後天相應宮位為巽宮。於巽、震、艮三宮以金水作補救，則加強了巽宮雙木成林之氣，使人昧事無常；艮宮變成水火交戰。

由此可見，相應宮位的理論是不可成立的，若依法而設，結果將會弄至五行交戰，何吉可言？

又，有關九宮之說，古籍中亦有一些記載。

《易緯・乾鑿度》：「易一陰一陽，合而為十五之謂道。陽變七之

九，陰變八之六，亦合於十五，則彖變之數若一也。陽動而進，變七之九，象其氣之息也。陰動而退，變八之六，象其氣之消也。故太一取其數以行九宮，四正四維皆合於十五。五音六律七宿，由此作焉。」

鄭玄云：「太一下行八卦之宮，每四乃還於中央。中央者，北辰之所居，故因謂之九宮。天數大分為陽出，以陰入。陽起於子，陰起於午。是以太一下九宮，從坎宮始而終於離宮。」

均根據九宮推知四時、二十四節氣的節令轉移和氣象變化，從而發展成明堂的制定。關於明堂的考制，讀者可自行參閱《明堂考》、《明堂問》等書，致玟於此不作贅論。

釋十字

原文：

十字之形，明且顯矣；十字之義，深且奧矣。古以龍、穴、砂、水、向五者為言者，隱而未發也。

向為十字之大關鍵，向字象形，即寓陰陽動靜相配、相見、相交之深意。上為靜而陰，下為動而陽，中為陰陽相交之極；上為龍，下為向，左右為砂，而中為穴，合前、後、左、右、中而為五也。

悟得十字，即知五大要素之橐鑰，而後可以尋龍點穴。經云：「十字有玄微。」意即寓此。卷之則為小十，放之則為大十。

曠觀萬物，其生生化化，莫不有十。萬事之失其十者，即不和而必致凶；得其十者，則中正和平，理勢然也。地理云乎哉，孔聖之性命，耶聖之十架，一理而已矣，學者神而明之可也。

致玟說：

九宮以中五立極來判別八方，十字亦是基於相同的原理。以一穴、一宅作主體，以此為中心點，則可定出前、後、左、右。這純粹從主觀出發，因此，在同一個地方結上三數個穴，彼此的四方各各不同。

談養吾指出了十字的關鍵在「向」，致玟深表認同。向，猶如人的面，以面向為前方、背為後，如是，對於該人的四方便很明確了。

如圖，兔子的前方是甲蟲，這是對兔子而言；甲蟲的右方是兔子，這是於甲蟲而言。

《青囊奧語》：「明堂十字有玄微。」

所謂十字，於陰宅而言，即龍砂水穴。從平面上看，以穴為中心，前為水，後為山，左右為砂手，即成一「十」字之形。

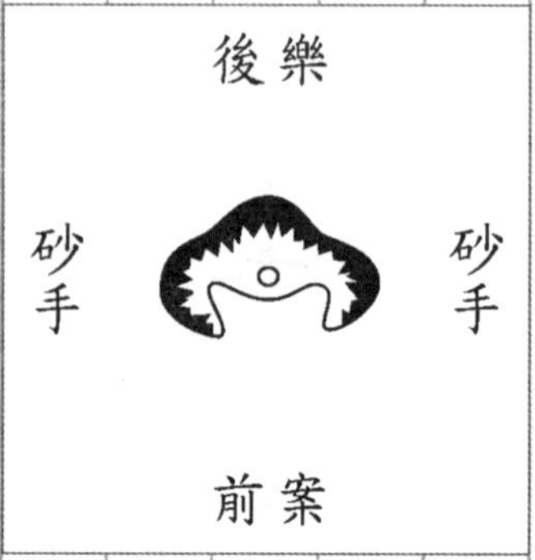

章甫云：「在未立穴之前，先看四面情形，八方氣勢；次看來山來水會何時之生旺；再看內堂外，去來止聚之方。如是則知穴之宜左宜右，宜前宜後，自有一定不可移之穴，自有一定不可移易之向。」

如章氏所言，則穴之前朝後樂，左右護砂皆似為是穴而生，只須再配合元運立座向，便可成一佳穴。

但渾然天成的吉地難尋，且地少人多，豈非只有極少數人能葬得吉

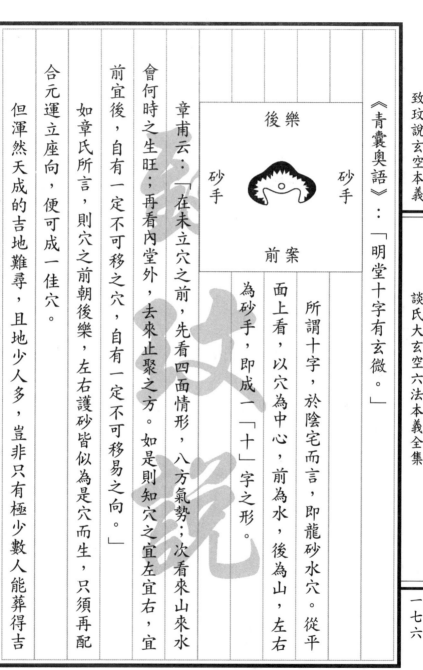

地？其他人所葬的又會否是凶穴？

每逢週日，均有大大小小形式不同的團體舉辦訪穴團，就香港所見，真正稱得上名穴的寥寥可數。漫山遍野的墳塋，多被指為不成格局，不可下。但事實是否如此不堪？

翻查香港的歷史，一八四一年一月，英國海軍登陸香港，當時香港的人口為五千六百多人，其中二千五百餘人為漁民。

經過廣州紅兵之亂（一八五〇—一八六〇）、第二次鴉片戰爭、辛亥革命（一九一一）、國共內戰（一九四五—一九四九）等事件，大批移民流入香港。至淪陷（一九四一—一九四五）前夕，人口增長至一百六十萬。

到二〇〇三年年中，香港人口為六百八十一點六萬人。

從一九四五至二〇〇三年間，人口增長率達四點二六倍。

試想想，香港至今未被破壞的名穴只有三數個，而且年代久遠。即使名穴的後代如何繁衍，為數也不過三數萬人。

假設這三數萬人高踞全港人均收入的高位，只佔百份之〇點五九。若其他墓穴真是如此不濟，人口增幅的比率不會這樣高，而且，香港以中產家庭為主，並未構成貧富極度懸殊的現象。

這說明了一穴的好壞，以得水為先。只要穴前有水，地有可取之處，便可用法葬之，縱然未能大富大貴，也可享小康。如是，即不必漫山遍野尋龍取穴，亦可安葬吉地。

古人著重陰宅風水，但現代社會講求土地規劃，已不可能私下擇地安葬，故此陰宅風水的重要性相對減低，反而陽宅風水更形重要。

學習風水，必須要經過不斷的實踐和徵驗記錄，才可有所寸益。放眼所見，坊間的術師很少與客戶保持連繫，瞭解情況，陽宅如是，陰宅牽涉的人數及年期甚廣，更加不會花費時間。當中有多少的失誤，他們不會知道，也不想深究。

可以推斷，不曉得陽宅風水的術師很多，不懂得陰宅風水的更俯拾皆是。即使懷有正確的學問，經驗亦不會足夠，隨時有發生失誤的可能。要知道陰宅關係一族的興衰，而且籌措工夫浩大，與其延請半吊子的術師，倒不如火葬來得乾淨徹底。

不獨陰宅有「十字」，陽宅亦然。陽宅的「十字」，可從宏觀與微觀而視。

宏觀的，看一地的水口位置，即知該地的座向，用「飛星盤」輔以「河圖五子運」推算地運。

把範圍縮小一點，可視一幢建築物的興衰。再拉近些來看，便是一個單位了。

至此還不算微觀，在一個房間中，只要有人活動之處，便有一個「十字」之分，也就是「一步一星隨時轉」的道理。

圖中的大廈位處山中，四周空曠，亦即是說必定缺乏靠山，再加上形勢孤露，不必管單位的座向若何，已主居住者對家的歸屬感低，時常早出晚歸。

從建築學上看，一幢高層的建築物之所以無懼風吹，是由於建築物料

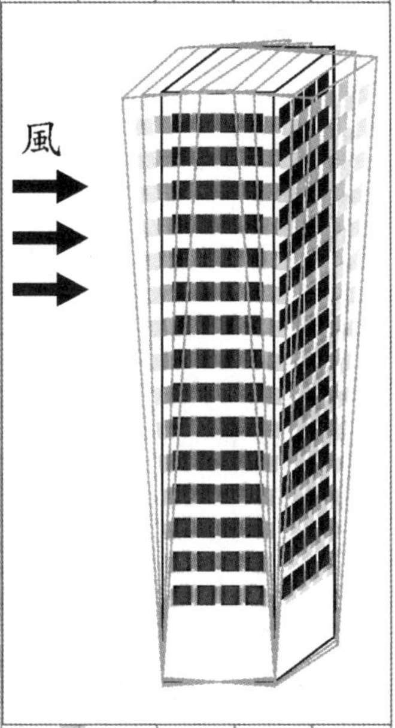

具有彈性。當強風吹襲時，建築物會左右搖擺來卸力，否則便會折斷。因此，位處極高層的單位內，人會不期然地產生一種搖晃的感覺，在乘坐電梯時，此感覺尤為明顯。當建築物四周沒有任何遮攔，呈孤露的形勢，所承受的風力會相對地增強。

以致玫的經驗，這些單位多令人覺得冰冷，座向容易不穩定，樓層愈高，問題愈嚴重。即使妥善佈局，勉強亦只可達到催財的效果，要求人丁平穩，甚難做到。

單位的前後高低，關係著家庭的融洽，無奈容易為人所忽視。況俗術橫流，很多掛牌地師根本連此入門基礎也不曉得，安教大眾明瞭？

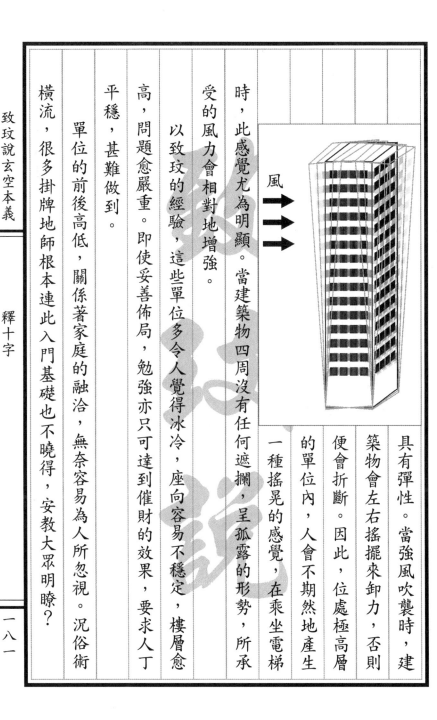

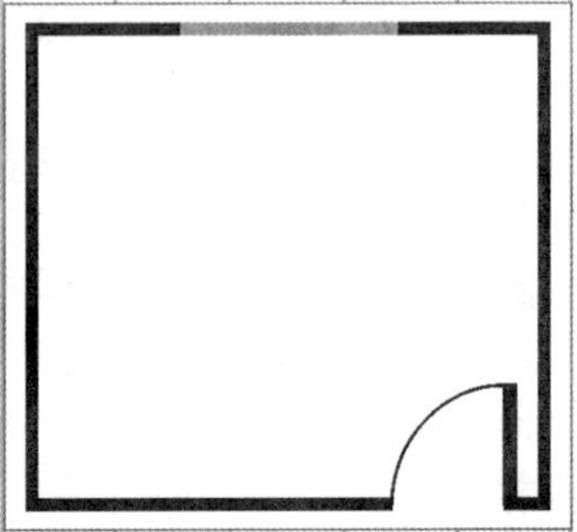

大廈內的單位，若座後有窗，一般情況下，可從窗外所見到的景物來判別高低。

若放眼所及，皆是距離極近的高樓大廈，如中圖，則大有可能是屬前低後高，人丁較穩定。相反，只見低地、大海等，如下圖，即可斷言是前高後低，主關係冷漠或早出晚歸。

前後的高低，是形勢上的觀察，必須與理氣相配合。理氣，即飛星盤內的數字組合。

至於一室的四周，便是傢俱、間隔與人的關係，佈局上，以用事位作表達。內裡牽涉到「宅法」，則是坊間很多術師不明的所在。

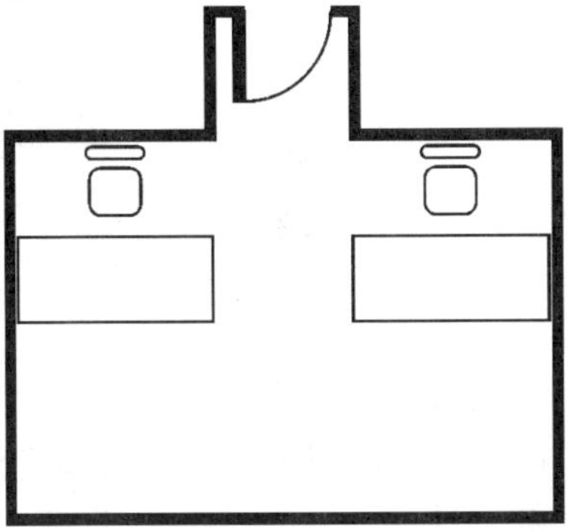

午

3 4 7	8 8 3	1 6 5
2 5 6	4 3 8	6 1 1
7 9 2	9 7 4	5 2 9

子

在平面圖中，有兩個座位，一般會被誤為是在兌宮及震宮，此是未明「宅法」所致。若瞭解「一步一星隨時轉」的道理，即知兩者皆坐在八白的位置。

佈局的目的，是將用事位安排在旺星泊臨之處，從而使人達致健旺。

可惜的是，大多數的風水顧問往往忽略了最重要的一環，便是「溝通」！

不論是商舖或家居，均必須以人為主。要清楚了解客戶的行業性質、各人的生活習慣、實際需要、品味等等，方可設計出適合事主的佈局。否則，一切只是顧問的想當然而已。或者顧問們會提出反駁，認為這些是室內設計師的責任，與他們無涉，這即可反映他們根本未達當顧問的水平。

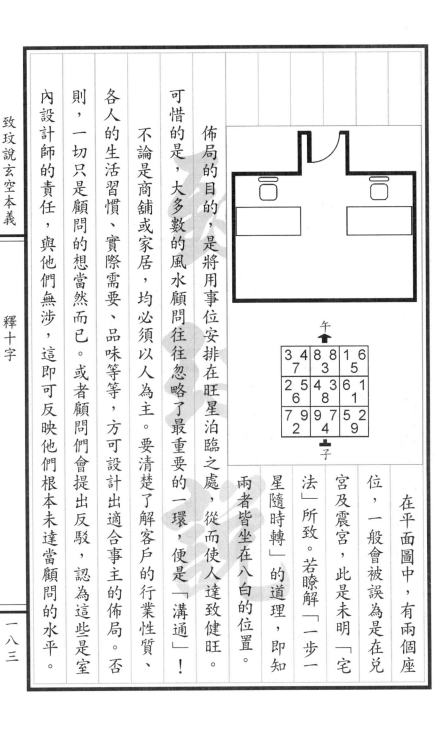

風水佈局，是空間的運用、環境的安排，不清楚事主的實際需要，焉能設計出符合環境的佈局。

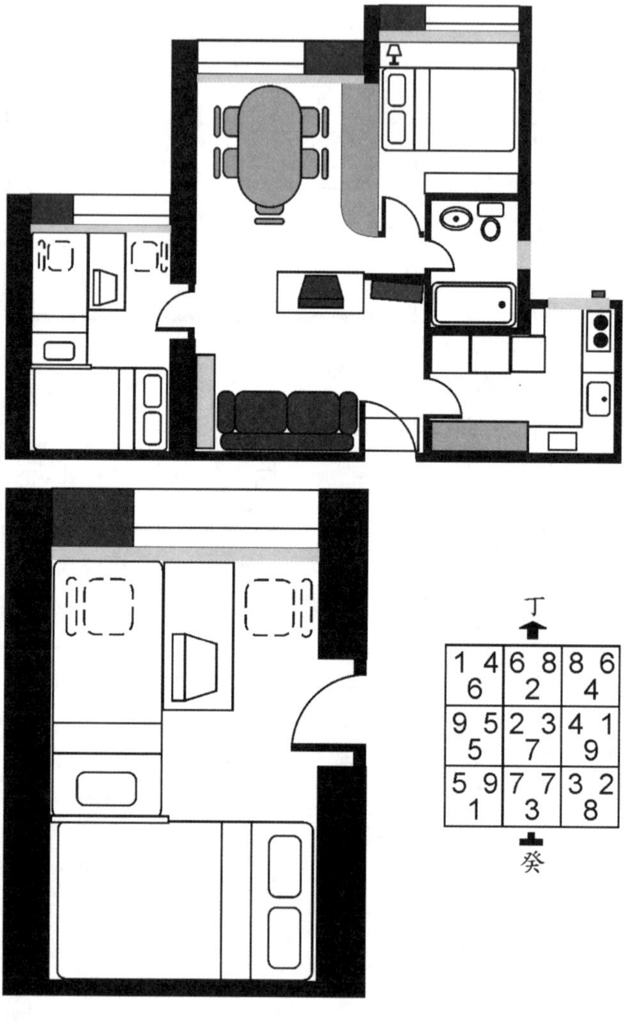

以此宅為例，戶主一家有五口，夫婦有兩名約六、七歲的女兒及一名約八歲的兒子，但單位只有兩個房間，資源亦有限，處理不易。

這宅例最難解決的問題，是如何安排三名子女的作息及溫習位置。致玟基於孩子的年紀尚幼，且個子較小，把他們安排在同一個房間中。

首先把雙人床放在乾宮，鋪上粉紅色的床單給女孩子們，選擇床下有抽屜的款式，則可安放部份衣物。在房間的東方設置一高架床，以光淨明潔的米白色作床單，讓男孩作睡床，以九紫生旺八白。高架床下設一長形工作桌，可給三個孩子同時溫習功課，座位則分別處於一白、八白及九紫生旺氣洎臨的地方。

但這樣的安排尚未足夠，因為居住的是戶主，致玟無法限制他們一定要在房間內讀書。於是，將飯桌設在客廳的坎方，電視機放在中間，讓他們即使在飯桌上溫習，亦不能觀看到電視，減低分心的可能性。

這便是透過與戶主的溝通，明白他們的實際所需，考慮視覺的空間感、顏色的協調，從而作出最切合的佈局設計。

至於物件的擺設、顏色的處理，須與《易》象相配合，沒有一定水平的《易》學基礎及品味，是無法選出正確的物件的。

在八運中，艮土是最能發揮生旺功能的物件，然而，亦是最難運用得恰當。白色的石卵，常被許為艮卦。

上圖擺設了卵石及小石雕塑，可惜尺碼比例太小且零碎，缺乏雅觀，實際上只屬坤卦。

下圖的卵石雖然細小，但配合燈光後，為簡潔的櫃身添上美觀性，八白艮土之象頓顯。雖然櫃子是用木造、體積所佔的比例大，但整體來看，卵石才是主角。

同樣是利用卵石作艮土的佈局，若是缺乏室內設計的美學概念，即使對《易》學有多高深的研究，還是無法靈活的運用，這便是層次不同的結果。

論向

原文：

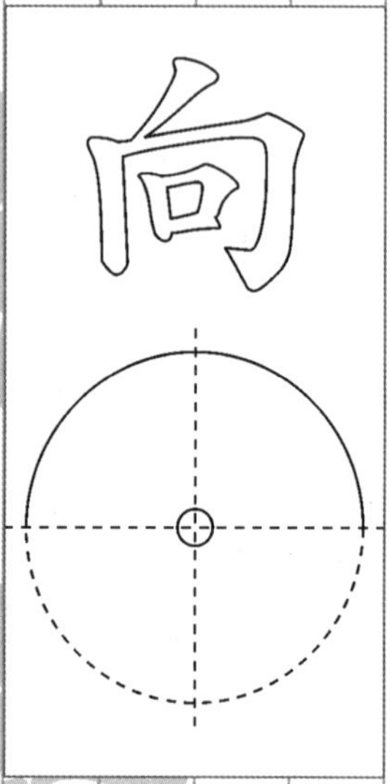

向者，方向也。地理以立向為向，以面前為向，似覺合理。要知向不能人為，須出於天成，一地有一地之向，一處有一處之向，務必人為之向與天然之向，形氣合一，方為真向。

陰陽宅立向，大都以人為之向為主，從羅經上二十四山之干支八卦，陰陽紅黑，順子逆子，度數多寡論短長，似是而非，莫衷一是，此人為之向，以極論向也。

要知極乃無方無隅之物，向中之口者，人也。人，即極也。有極而後有八方，八方之向乃真向也。識得十字，自知立向，自知體用，研究玄空者，探用索體，均以理言之，不知者以為重理而不重形，偏於用而失於體，豈知言理而捨形，則如捕風捉影，射者無的，將何以堪？

世人祗知言龍穴砂水之形為體，不知言龍穴砂水之理即體也。言理之體，理深而透徹；言形之體，呆板而失實。人能明得理氣之體，而後講形勢之體，閱形勢之書，自可豁然，否則恐只知其一，不知其二，食而不化，比比皆是。巒頭理氣，二者不可須臾離也。閱鄙著者當知有所深察之矣。

致玟說：

無極即混沌，如一片空地，根本無方向可言，所有事物的方向均基於主觀對比而言。於玄空風水上，定一宅一穴之座向是基本而又重要的一項法則，偏偏俗師常在此點上犯錯，以致以訛傳訛，一般人均被蒙敝了。

《青囊經》：「中五立極，臨制四方。」

《天元五歌》：「三門先把正門量，後門房門一樣裝。」

如一個人站在地上，八方即因他而起。如他面向東方，他的左邊即北方，相信沒有人會說他面向北方。

同理，於陽宅風水而言，宅之正門為入氣口，等同人之正面，故座向必須從門口量度，不可能以窗戶立向。若以窗戶為向，試問玻璃屋應納何方？

於陰宅而言，墓碑即如人面，座向亦應由此量度，不可能以四周環境立向。

於一地而言，水口之所在便是向，水的對面便是山，不可能以巒頭來定向，更不可能以政府總部作為一地的座向。

《天元五歌》：「一到分房宅氣移，一門恆作兩門推。有時內路作外路，入室私門是握機。當辨親疏並遠近，抽爻換象出神奇。」

古代社會並沒有高樓大廈，有的只是兩三層高的大府邸，導致一些不學無術之輩在大廈門口度取座向，此真可說未明玄空之義。

量度大廈門口，得到的是整幢大廈的座向，只能用來評斷整幢大廈的大致興衰，但內裡單位各各不同，吉凶亦會迥異。故量度陽宅座向所取的是一宅之正門，非大廈之正門。當然，如那人是看更的則另作別論。

然亦不可盡信羅盤，必須經過憑星斷事以為準。尤其今日之建築結構，往往在門口量度而得，移前或退後一步，即有一山之隔。由羅盤所得的度數，只可作為參考而已，若過於拘泥，則未免捨本逐末了。

座向由一宅之門口量度而得，此理雖然已明，但很多時仍會產生混亂，以致度錯門口量錯向的情況仍是屢見不鮮。

以一幢三層的村屋為例，每層分別住著親人，但由於大家有各自的門戶、各自的生活，因此座向便應由每宅的大門量度，而不是由一樓的入口度取。縱然每戶的門口方向一樣，但量度出來的座向亦可能會有出入，這完全是由於宅內的磁場不同，影響到宅氣的互異。

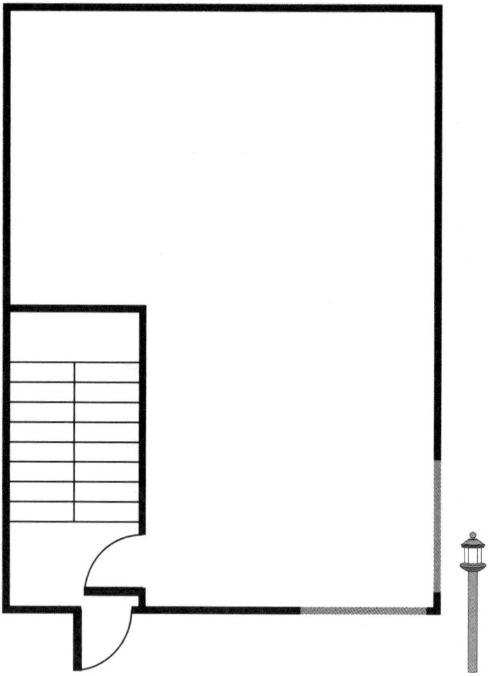

甲 ← → 庚

8 4 6	4 9 2	6 2 4
7 3 5	9 5 7	2 7 9
3 8 1	5 1 3	1 6 8

二樓

卯 ← → 酉

1 6 6	5 1 2	3 8 4
2 7 5	9 5 7	7 3 9
6 2 1	4 9 3	8 4 8

一樓

申

3 2 6	8 6 2	1 4 4
2 3 5	4 1 7	6 8 9
7 7 1	9 5 3	5 9 8

寅

三樓

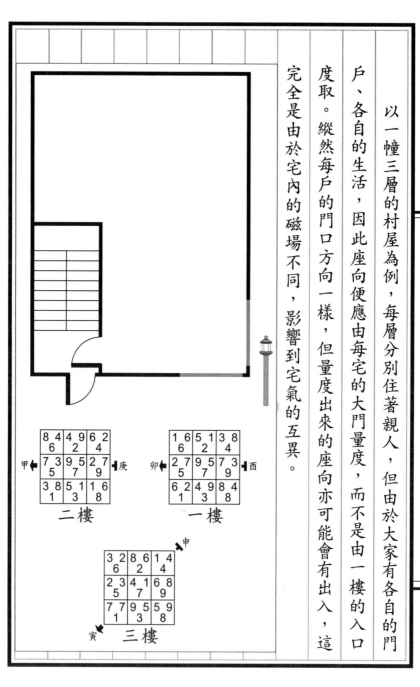

如圖，一樓是酉山卯向，二樓是庚山甲向，三樓則是申山寅向。

單就飛星盤來看，一樓成到山到水之局，門口在艮宮，宅外乾方有一支約十尺高的電燈柱。電燈柱是嶠星，屬火，一般而言，對宅主有不利的影響，但於此宅，反可生旺人丁。門口為生出且退氣，但只要佈置得宜，仍不失為一安樂窩。

二樓於七運，成上山下水之局，且犯水星伏吟，主傷丁破財。所幸能乘旺開門，且宅形成前高後低，反不主破財，但電燈柱卻成為探頭，致使宅內人難免會疑神疑鬼。

三樓則是雙星到向，但水路已死，且門口於八運退氣，亦礙於形制，未能做到出煞乾淨，故進財可謂甚為吃力。

由此可見，量度座向必須親身由門口度取，斷不可在宅外測量。因為每宅受磁場的影響不同，而人居於宅內，亦會受該宅的磁場影響。

宇宙中的大部份物質，處於電子脫離原子的「等離子體」狀態；人類生活在固體、液體、氣體，即「物質的三態」中；而地球上的物體，則在以上的四態間變化，當中包括液態和固態的中間態 — 液晶態。地球上的任何物質，都是由分子聚集在一起組成的，人體亦不例外。即使在看不見的空氣中，亦存在著無數的分子，不斷的產生運動。物質根據溫度的變化而在三態中變化，在非常高溫下，將會變成等離子體。

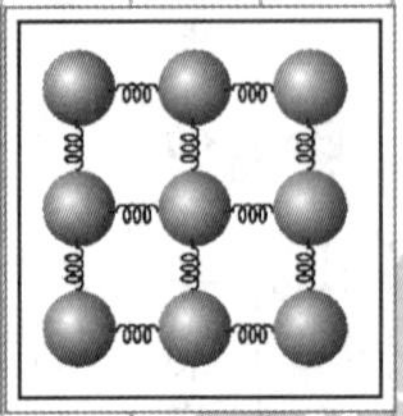

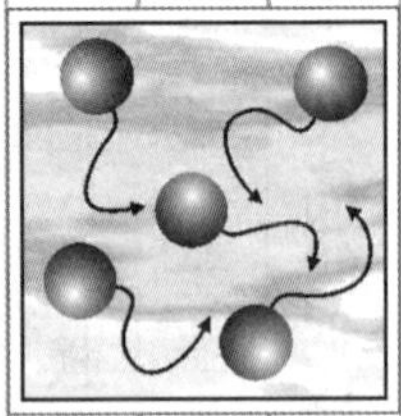

在固體中，分子之間相互吸引，無法自由移動，只能以一定的位置為中心振動。溫度越高，振動幅度越大。

在液體中，分子與分子之間雖然接觸著，但彼此是可以移動的。由於相鄰分子間的距離與固體相似，因此，彼此的密度相近。

在氣體中，分子的運動更劇烈，分子間的吸引力很弱，處於自由移動的狀態，體積變化非常顯著。隨著溫度的升高，運動倍加劇烈。

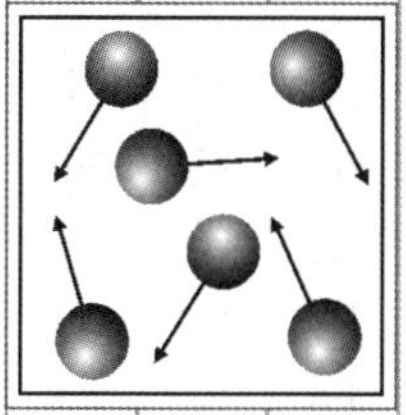

氣體分子的運動是不規則的，具有上、下、左、右、前、後六個方向的可能。將氣體存放在容器內，空氣中的分子會碰撞容器——固體。

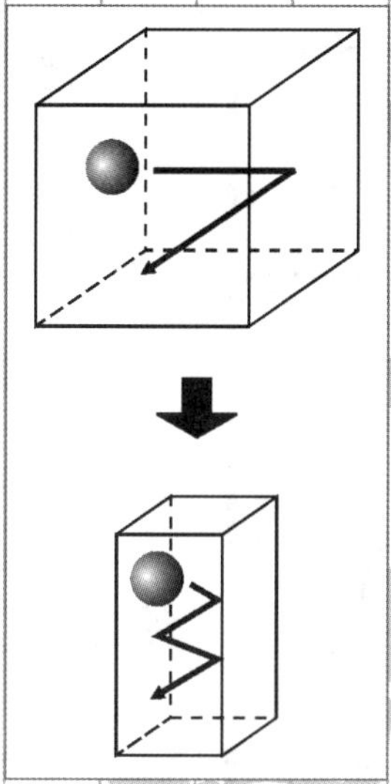

假設氣體的分子數不變，容器的體積縮小，則分子碰撞固體的次數將會增加。透過分子的運動、互相摩擦，產生「能量」。

根據「能量守恒定律」，能量具有力學、熱學、化學、電學、光學等等形式，它能通過「對流」、「傳導」、「輻射」來傳遞，不可能創生、不可能消滅，只能在自然界中循環。

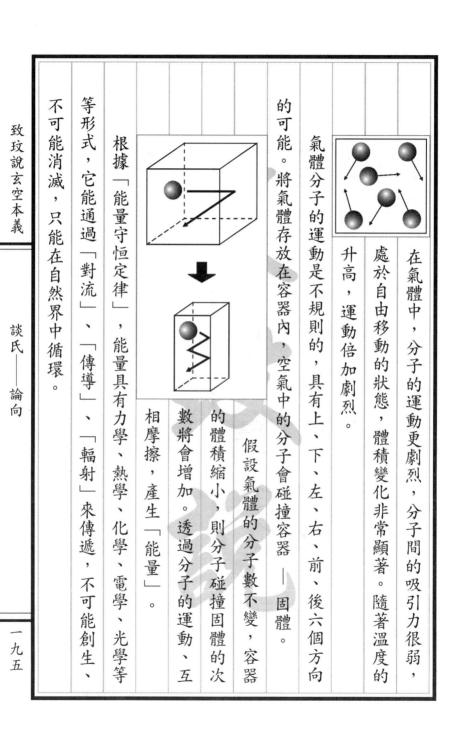

不同的物件所含的物質是不同的，彼此的熱容性迥異，影響空氣中分子的運動。而空間的大小，造成不同的壓力和速度，令分子與物體的碰撞次數增加或減少。

一個單位中，用上不同的擺設，會影響分子的運動，所產生的能量出現相異。

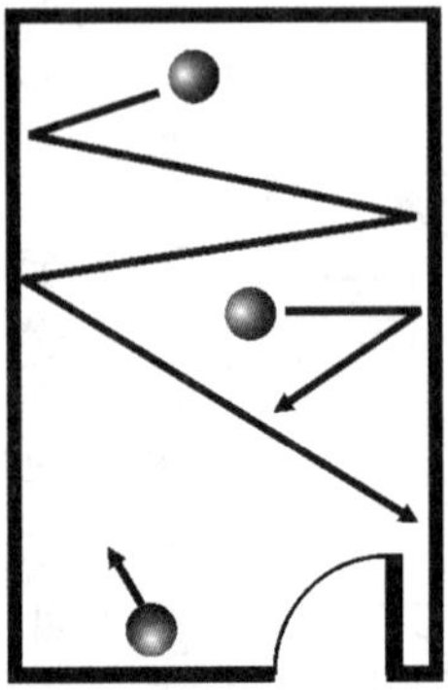

活動力低

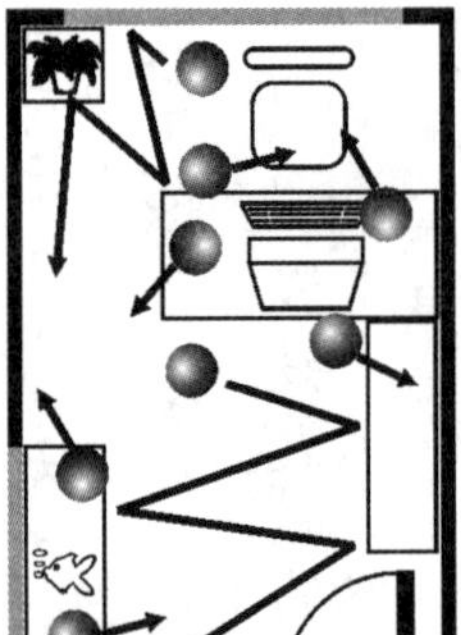

活動力強

由此可知，何以踏進一間空置很久的房子時，往往會有冷冰冰之感。

同理，當房子過大，沒有適當大小的傢俱作擺設，也缺乏媒介 — 人去傳遞時，分子的活動量相對減低，能量亦較低，自必然感覺冰冷。

眾所周知，物體有時會帶有靜電，這是由於正負電荷不平衡所致。物質由正電荷的質子（proton）、中性的中子（neutral）和負電荷的電子（electron）組成，同類相斥，異類相引。當物體互相摩擦，電子便會從一個物體轉移到另一個物體，這時，物體就會帶電，導致陰陽離子產生電能的是電解質（electrolyte），而在正電荷與負電荷之間則形成了電場。

人體中存在很多電解質以供日常的活動，一旦不足，能量使不足，人就會容易覺得疲倦，血壓亦同時受到影響，也就是中醫所言經脈的氣受到窒塞。日常生活的電子產品，如行動電話的鋰離子電池，內含極強的能量，它能夠干擾人體內的電能，影響身體的正常運作。

當導體中有電流通過時，就會產生磁場。同樣地，利用磁場的變化，可以激發電場。電磁波本身存在於地球，但隨著科技的進步，人類對電磁波、能源的利用與日俱增，當長期處於電磁波過強的環境時，會令人出現乏力、記憶力減退、神經衰弱、心悸、胸悶、視力下降等症狀。

從這個簡單的道理中，即可知道人類既然受身處環境的電磁波影響，於量度座向時，當然要在宅內度取。

經過有關電磁波的概述，大家應該可以理解得到，何以有些單位的座向會不穩定。於選擇樓宇時，應盡量避免接近高空電纜、巨型發射站等等電磁波過強的地方。

又有一些時常會發生的情況，就是在變換傢俱、大裝修或入住後，座向有所轉移。內裡有很多原因：

第一種，亦是最常發生的，是由於傢俱、電器的影響，在這情況下，通常座向是很穩定的改變，解決辦法是依新的座向設計佈局。

第二種，只是接近大門的位置改變，其他地方則與原來所量度的無異。可嘗試用香火輕掃門框附近位置，因為磁的分子會隨著溫度的升高而加劇熱運動，磁疇（Magnetic domain）的排列方向會呈不規則，磁性因此而減弱。

在上述的物理學中，已大略地解釋了玄空風水的作用，是透過不同的擺設，令室內的能量保持在一定的指標中，不使出現過強或過弱的狀態，而要達到調和穩定，亦即是氣機，所用來計算的工具便是飛星盤。雖然知道座向是在室內的正門量度，但於實際操作時，還是會有很多令人混淆的情況出現。

如分租一個單位內的房間，致玟剛好有一移易座向的例子：

由於事主是分租戶，其日常用事局限在分租房間中，因此，應在房間度取座向，單位的大門只是氣口。

先從大形勢視之，這個房間是單位的最後一間，即死胡同，先天水路困滯。量度座向得出是七運的庚山甲向，屬上山下水格局，不幸的是此宅座山是牆壁，形勢是前低後高，不可能擺佈倒騎龍。

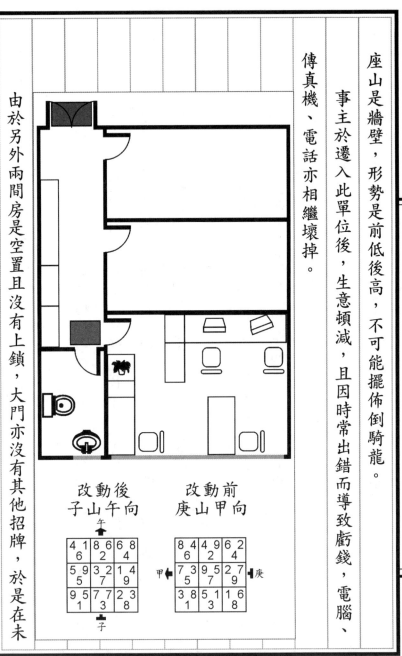

事主於遷入此單位後，生意頓減，且因時常出錯而導致虧錢，電腦、傳真機、電話亦相繼壞掉。

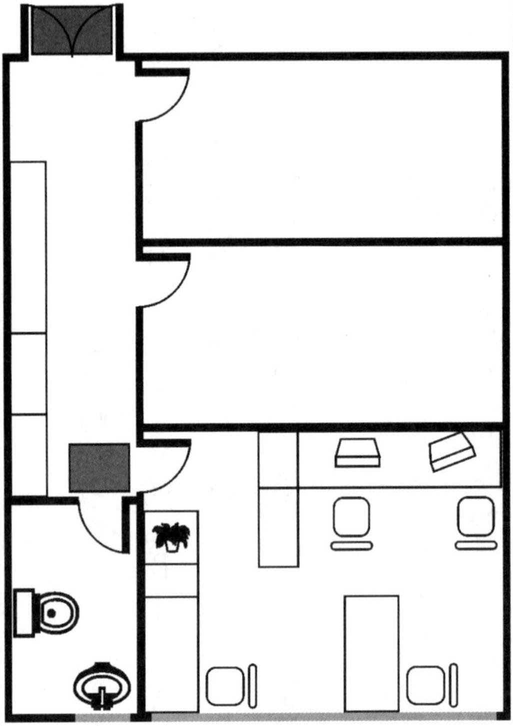

改動前
庚山甲向

甲 ← → 庚

8 4 6	4 9 2	6 2 4
7 3 5	9 5 7	2 7 9
3 8 1	5 1 3	1 6 8

改動後
子山午向

午

4 1 6	8 6 2	6 8 4
5 9 5	3 2 7	1 4 9
9 5 1	7 7 3	2 3 8

子

由於另外兩間房是空置且沒有上鎖，大門亦沒有其他招牌，於是在未有足夠能力搬遷前，唯有施權宜之計。

首先，將物件分別放在走廊及其他房間內，令事主偶而入內；再於大門外換上一個非常搶眼的招牌，鋪上地毯，把整個單位收為己用，將公共走廊變成一水獨朝。

亦即是說把整個單位用上，以一個房間的租金而使用整個單位，如此一來，整個座向即變成由單位的大門量取，成七運的子山午向。但鄰室畢竟有租出的一天，若把整個單位租下，間格也未必合用，實非長久之計，最妥善之法還是搬。

改動後，事主的生意開始順暢，約大半年光景，由小小的百來呎地方，遷往七百呎的辦公室去了。

又有一些住宅或商鋪有兩個或以上的門口，那便須視何者為正門來定向了，當不能確定那道才是正門時，最有效的方法便只有一個 — 憑星斷事。

圖中的房子有兩個門口，單憑肉眼，甚難斷定那道才是正門。

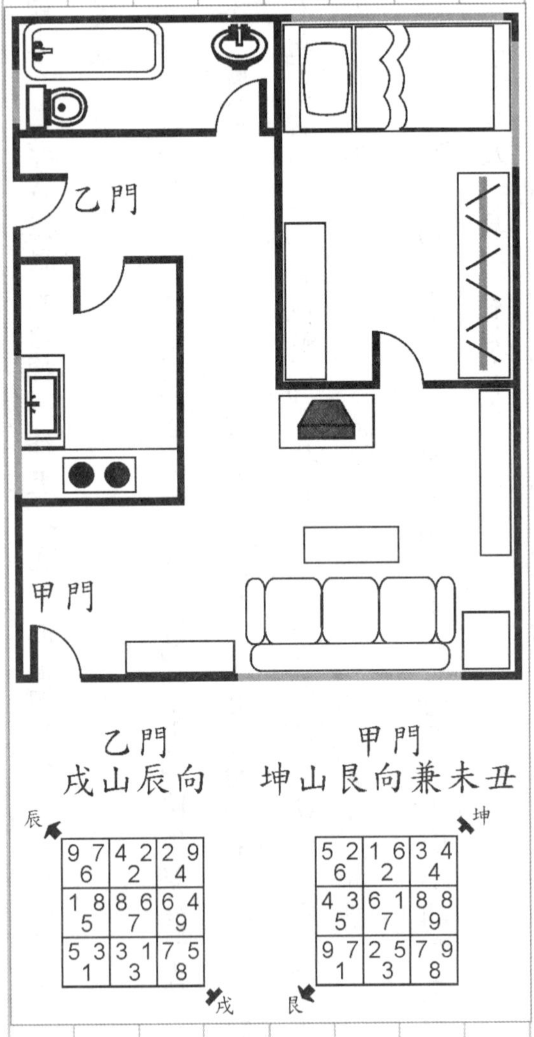

若甲門是正門，此宅便是七運的坤山艮向兼未丑，門開艮宮，睡房及廚房門均設在二黑五黃，而睡床、灶位亦壓在二黑五黃上，宅主必然頭頭

碰著黑、健康極差，喜愛挑剔他人，脾氣剛烈，人緣亦不會佳。

若乙門是正門，則成戌山辰向，門開震宮，為到山到水之局，床頭恰在九紫位，水路重重生入，只需稍加佈置，便可於七、八運四十年間，收丁財兩旺之功。

兩者比較，可謂吉凶迥異。若非經過斷事而妄言其中一門是正門，則

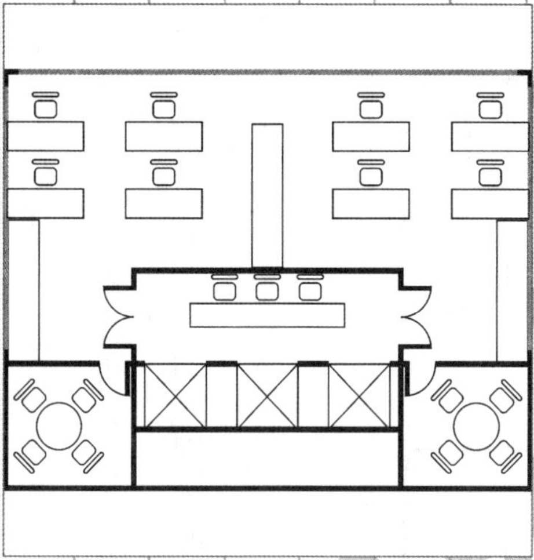

累人不淺矣。

現今的商業社會，有很多大公司用上整個樓層作為辦公室。在這情況下，一踏出電梯便是該公司的接待處，很容易令人錯誤地以接待處作為門向，其實不然。

此辦公室成破邊格局，已表示同

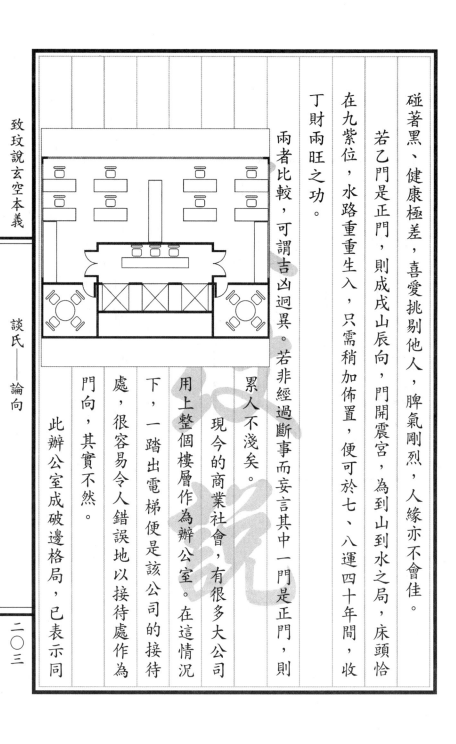

事間會有不和的情況，再加上有兩個門口，無形中分開成兩間公司般。故於定向時，便要用兩道門分別定向，左右兩邊自有不同的克應。

雖然此公司的各部門或同事有對立的現象，但只要老闆懂得活用此特點，便可令部門間形成良性的競爭，對公司的利益來說，未嘗不是一件好事！

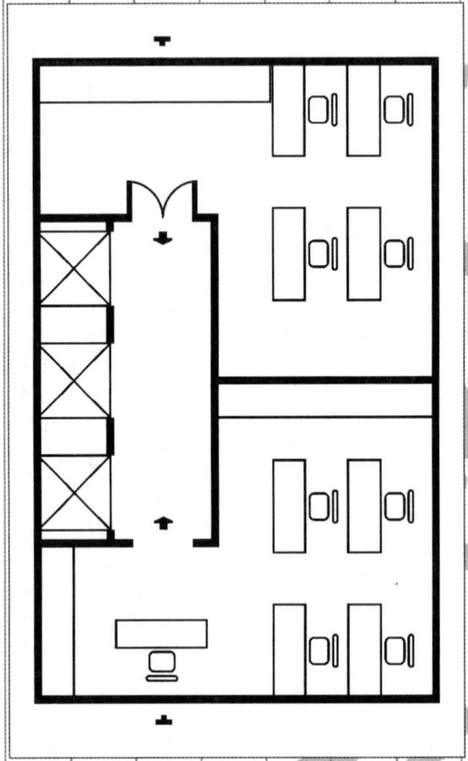

此外，亦有一些辦事處是沒有大門的，但從實際的環境來看，則已有一道無形的門在接待處前面，故於量度座向時，可以接

待處為準則。

玄空風水並不是一門死學呆術，必須視實際環境，靈活變通。單單是最基本的問題 ─ 門向，就已經出現這麼多的變化，其他如水路、收山出煞、宅法⋯等等，更加是變化多端。

故此，即使是蔣大鴻再生，亦斷不能單憑平面圖，去評論一宅的興衰，必須從實際環境觀察，才可斷言該宅的吉凶休咎。

但有一點可以肯定，風水佈局是死的，人卻是活的。若把雜物隨處堆積，家居宛如雜物房般，則任憑佈局設計如何完善，風水終究是被人手所破壞，想丁財貴壽？異想天開而已。

釋二十四山

原文：

二十四山，一名二十四龍，乃方位之代名詞。周天本三百六十五度有奇，古人以十二支平均分之，故以三百六十度為用，每支得三十度，後以四正有子午卯酉代之矣，而四隅則無之，故經云：「後天再用幹與維。」所以成二十四龍。

十四龍。再按卦理，亦應以三八為合，故以二十四山為立向之用，每字佔十五度，其干支八卦之陰陽五行，於地理作法，毫無所涉，惟用此以記其方向之名耳。而為用之道、得失之理，乃係乎八卦之子母公孫，不係乎二十四龍也。

世之地理家，類皆祇知二十四山之表，不知二十四山之裏也。聚訟數千百年，將何以去其非而歸其正哉？至於其他消納等種種俗說，以及用六十四卦為地理作用者，更非所計矣。

致玟說：

二十四山即八方之細分。

《青囊序》：「先天羅經十二支，後天再用干與維。八干四維輔支位，子母公孫同此推。」

又云：「二十四山分順逆，共成四十有八局。」

《天玉經》：「二十四龍管三卦。」

於安星而言，每山起三卦，即地、天、人元龍，正線盤共四十八局。因應陰陽的異同而有用與不用替之別，共成九十六局。

談養吾指二十四山只是方向的代名詞，與干支本身的陰陽無涉，實屬的論。誠然，玄空風水與《易》象是有關連，但卦並非以干支求得，而是將山、水二星的數字下卦得來。

量度方位可用羅盤，然而所得到的亦只是大約方位而已，要判別一宅的座向，必須視乎實際環境作憑星斷事。

北半球

4	3	8
9	5	1
2	7	6

南半球

8	3	4
1	5	9
6	7	2

最近又有新奇古怪的論調誕生，認為南北半球的飛星有別。雖然致玟沒有研究此理論，但對於風水略有認識的人，一眼便知是胡說八道！

元旦盤

4	9	2
3	5	7
8	1	6

正確的元旦盤應如上圖，連這麼基本的層面也弄錯，新作的理論亦必錯謬百出，根本毋須浪費心思去研究。

但有一點值得大家留意，就是座向有變動的可能。除了前文提出的兩個情況，亦有可能是受地殼板塊移動所影響。

法國科學家布容於一九〇六年考察法國司馬夫中央山脈地區的火山巖時，意外地發現那裏的巖石具有與現代磁場方向相反的磁性。之後，此類發現越來越多，研究也越來越深入。在眾多的事實面前，人們終於發現：地球的磁場不是永恆不變的，相信它曾經倒轉過，也就是說，現在位於地球北端的南磁極會轉到南端去，而位於南端的北磁極則會轉到北端去。這就是所謂的「磁極倒轉」。

科學家在研究中還發現，地球曾經多次發生過磁極倒轉。據統計，僅在最近的四百五十萬年內，便可分出四個極性不同的時期。

從現在到六十九萬年前，地磁場的方向基本和現在一樣，稱為「布容正向期」。

六十九萬年——二百五十三萬年前，地磁場方向和現在正好相反，稱為「松山反向期」。

二百五十三萬——三百三十二萬年前，地磁場方向又和現在相同，稱為「高斯正向期」。

三百三十二萬年——四百五十萬年前，地磁場又和現在相反，稱為「吉爾伯反向期」。

即使在同一個磁性時期裡，地磁場的方向也並非一成不變，有時會發生短暫的極性倒轉，人們稱這種現象為「磁性事件」。例如，在布容正向期裡，便發生過被稱為「X帶」和「V帶」的反向事件；在松山反向期裡，則發生過「賈拉米洛」、「吉爾賽」等正向事件。

至於引致地磁場發生變化的原因，人們至今還未能完全明白當中的奧妙。

有人認為可能是巨大隕石對地球發生猛烈撞擊的結果，因為猛烈的撞擊可使地球內部的磁場身不由己地翻了一個跟斗。

又有人認為與地球追隨太陽在銀河系裡漫遊有關，因為銀河系本身也有一個磁場，地球的磁場會受到這個更大的磁場影響，從而使地球的磁性會像羅盤中的指南針一般，隨著銀河系磁場的方向而發生變化。

還有人認為，磁極倒轉是地球本身演變的結果等等。

各式各樣的說法，均未能完整的解釋磁極倒轉的真正成因。大家對此亦不必深究，只需要知道磁場是有變動的可能，在釐定宅寓的座向時，憑星斷事益顯重要。

斷事是以山、水二星下卦，古籍中以《紫白訣》所述最詳。然而，《紫白訣》只是把數字組合的大意寫出來供大家參考而已，尚未加入時序這個重要元素在內，因此，有時驗時不驗的情況出現。

時間，左右世間萬事萬物的選擇及結果。同一件事物，對不同階段的人會有不同的反應，如汽車，對初出茅廬的小伙子而言，能夠擁有一輛三四手的日本汽車已經很滿足，隨著年月的增長，小伙子的事業已有所成就，對日本汽車可能會嗤之以鼻，繼而追求歐洲品牌的名貴房車。

事態發展亦復如是，當一間公司接到新訂單，必然會盡力完成客戶的要求，若交貨後客戶竟拖欠帳款，則該客戶日後再向此公司訂貨，即使金額是如何鉅大，除非是有特殊原因，否則，公司絕不會再出貨。

在適當的時間作適當的事情，便是適時！

卦有六爻，每一爻皆代表不同的階段，因此，六十四卦中沒有一卦是全吉或全凶，即使有很多書籍提及「六爻皆吉」的「謙」卦亦然。謙，代表謙遜的態度，反過來說，亦可以是虛偽，或者是未具有足夠的本事。相對於明刀明槍的攻訐，「謙」的暗箭更是難防。

在玄空風水上，適時是一個最大的要素。也就是說，相同組合的數字，在不同的元運中，會有天壤之別的吉凶克應。

要達到趨吉避凶的目的，宅內的佈置、水路的安排等等，莫不與五行之生剋制化有所關係。若座向或天心已錯，則五行混亂。結果旺氣接不到，凶禍不旋踵。

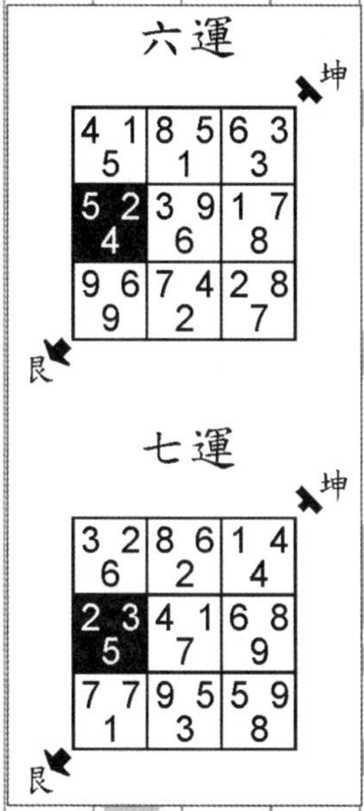

如坤山艮向，在八運的今天來看，若宅寓屬七運樓，震宮為三二，可用火土化解；若屬六運，則震宮為二五，用火便會令二黑五黃肆虐，應以金水化洩。若不經過斷事，單憑宅內曾作裝修，便隨便把六運宅作七運宅看，則大有可能使宅主遭遇厄運。習玄空者應以此作為借鑒。

對於宅運，坊間眾說紛紜。

有些人認為應以宅寓建成的日子計算，六運樓便是六運樓，永不會改變的。

又有些人認為宅運會隨元運改變，即七運的樓宇，在踏入二○○四年立春以後，自動變成八運樓，飛星亦依照八運計算。

有這些論調，全因不懂得憑星斷事與及換天心之法所致。憑星斷事必須靠自己努力練習，而換天心則可以很簡單。只要令全宅有煥然一新之感，天心即換了，平時多些留意、感覺不同的地方，根本毋須詢問宅主何年何月曾作大裝修，也可以知道樓宇的所屬元運。

說葬

原文：

《經》曰：「葬者，藏也。乘生氣也。」葬字象形，上草下土，而中為一死字，草即生氣之發於外者，不得生氣，則草為死物，而土亦成死土矣。

生氣圖

地理論龍穴砂水向，所謂十字之意旨，皆著眼於生氣之間，藏即寶藏之意，生氣既得，而後藏之不朽，藏物如此，葬之意義亦無非若是。先人之遺體，葬得生氣之所，則陰靈和暖而不散，遺骸永保而不朽，先人安則子孫安，木本水源，同氣相感，後啟必福，理也亦義也孝也。

朱子以為人子之常識者亦此也。其得失關係，全屬氣感與孝感，父母子女，為氣感情感最切者，遺骸之關係後啟為最切也。無情感，則氣感並無之矣，古云「孝感動天庭」者，先有孝感，而後有氣感也明矣。

《青囊》云：「氣感而應，鬼福及人。」誠哉經旨矣。

葬之以禮，不勝枚舉，而以得地乘氣為最，合乎人之情，即合乎天之理，即合乎孝之道，他非所計矣。

致玟說：

《心眼指要》：「葬者藏也，乘者接也。葬乘生氣，即乘天地陰陽化生萬物之生氣⋯要得用之生死，當在盈虛消息上揣摩，自得察血脈、認金龍，葬乘生氣之元機矣。」

凡擇地扦葬，必先察看來龍。

龍有山龍與平洋龍之分。山龍從巒頭上辨認，但「山龍一線」，線脈狹小難辨，必須小心察看。

平洋龍由水口辨認，但「平洋一片」，很多時水口有三四個，容易錯認水口，必須尋求水動之處。是皆憑經驗判別。

來龍既定，再按元運挨星，立向定穴，自然龍砂水穴俱全，即「自有一定不可移之穴，自有一定不可移易之向」之意。下後死者自能安息，子孫自能發越。

談養吾指出葬得生氣之地，「遺骸永保而不朽」，這點大錯特錯！陰宅所言的生氣，是指墓穴能夠藏風聚氣，骨殖能與天地之氣溝通，迎承陽和之氣。若遺骸永保而不朽，則是「養屍地」。

養屍地，是指土質疏鬆且帶極重黏性的土地。若將屍體埋葬於此，即使經過十年八載，屍身也不會腐化。這些土地，葬後與地氣不接，只會有凶無吉。

然而現今社會已不可能任人隨意擇地扦葬，且安葬先人是為人子女應有的責任，首要是令死者安息而已，實不應拘泥於土葬。若全心覓地求風水的益蔭，其立心已不正，縱獲佳穴亦不能久享。

若先人的意願為入土，則必須依從。但以香港為例，除新界原居民或私營墓地外，可供選擇的墓地實在絕無僅有，且墳塋可媲美鴿舍，規限又多，極其量只可從墓碑的形制上著手，龍砂水穴可謂蕩然無存。

而且，風水著重實踐，單憑覆古墳是不可能學會相陰宅的，必須有學理的基礎，再加上不斷的追蹤，才知道實際的徵驗。

作為一個負責任的人，陽宅的徵驗當然先以自己來測試，單就一所房子已經可以變換多次來學習，遷居亦是常事。

但陰宅則不然，任你家族如何繁衍，除非陸續有十個八個親人離世，又夠膽色給你試驗，方可學得皮毛。若還希冀可以重金延請貨真價實的地師覓地葬親，毋疑是拿自己家族作別人的實驗品。

故此，與其大費周章看陰宅，倒不如著重陽宅的風水更為實際得多。

古人重陰宅，故風水典籍亦以陰宅為重，致令很多一知半解之徒在替人相陽宅時，亦用上尋龍點穴之法，把陽宅當陰宅看，等同活人當死人辦，實在貽笑大方。若然陰陽二宅相法是一致，怎麼不見那些所謂大師遷往名穴附近居住？

且現今陽宅以大廈單位為主，實不知左護右砂從何而來。陰宅重乘氣，陽宅重納氣，陰陽二宅不可混淆。

論宅兆

原文：

書曰：「卜其宅兆而居之，男以女為室，女以男為家。」家室，即宅兆也。安居樂業，一繫於此。宅之設計，全用人為，式樣之新舊，雖代有不同，而乘氣、納氣則一也。

納氣圖

其納氣重在氣口，即門也。外門納外氣，內門納內氣，感之者人也。

納氣之大小緩急，以形局為主體，所納之氣有生旺衰死者，方位之不同、氣運時令之不同也。同一納氣，所以有此時吉彼時凶者，時運之分也。所納之氣，緩急大小，方位合情合時者吉，反之即凶，所謂宅之極不一者，宅中居住之所之人各各不同也。

世有以八宅遊年論短長者，未明八卦之原理也。又有以間數層數論五行者，暗中摸索，畫蛇添足，尤為可哂。

要知陰陽一理，夫陰陽宅之不同點，在於立極之純一與複雜上著眼，乘氣納氣之各殊耳，乃形式之不同，非理氣之不同也。蔣氏云：「後門房門一樣裝。」即此意也。

他如今之所謂西式屋宇，門窗四達，若拘泥於宅向者，將從何下手？何為主何為客？從何分別？識得納氣，辨得立極，一言道破，用法自明，豈有中西新舊之分，亦無城市鄉村之別。研幾玄空納氣之理，辨得河洛消長之道，豈有他哉？世俗偽說，一掃破之，無餘蘊矣。

致玟說：

《天元五歌・陽宅》：「人生最重是陽基，卻與墳塋福力齊。」

陽宅乃生人的居所，關係著人生的起落。尤其在現今社會，隨著土葬的日漸式微，陽宅的風水顯得更形重要了。

又云：「宅龍動地水龍裁，尤重三門八卦排。只取三元生旺氣，引他入室是胞胎。」

又云：「門為宅骨路為筋，筋骨交連血脈均。若是吉門兼惡路，酸漿入酪不堪斟。」

《天元五歌・平洋》：「從來水路後天成，不同山骨先天生。」

陽宅風水，以門路為主，須引生旺之氣入宅，令門路貫通，亦即「納氣」。而水路可由人事去改變，達致趨吉避凶之效。

無論門路或形勢，均可從兩方面觀察——外及內。

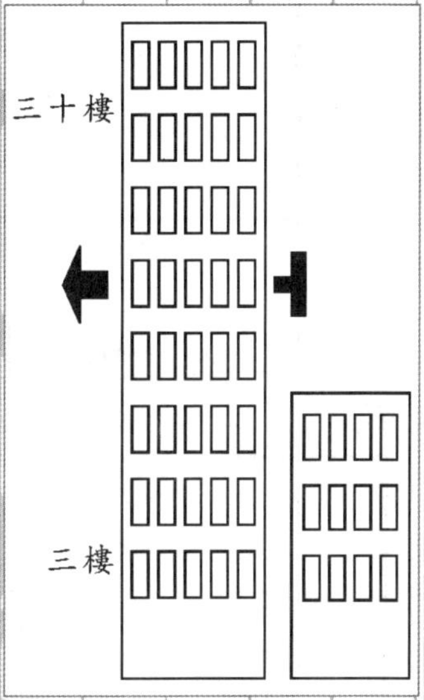

外即外局，以大廈為例，同一方向的單位，分別是三樓及三十樓，因高低有別，三樓便成為前低後高，而三十樓則是前高後低。如彼此均為到山到水之局，三十樓的樓價雖遠較三樓為高，但於形制上便有所不及了。

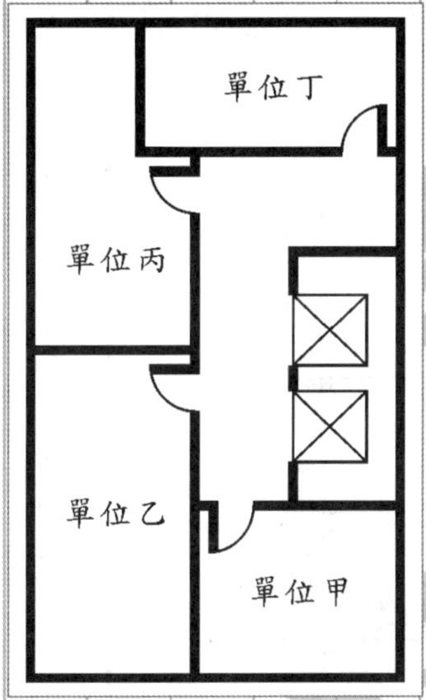

每一樓層有多個單位，門路亦不一。如圖中，有水直達單位甲、乙，故吉凶的影響最快、最劇；單位丁處於死胡同，即使到山到水兼且乘旺開門，亦不能生旺。當然，還要兼視水路的所屬五行、從宅之何方來、有情無情等等，才

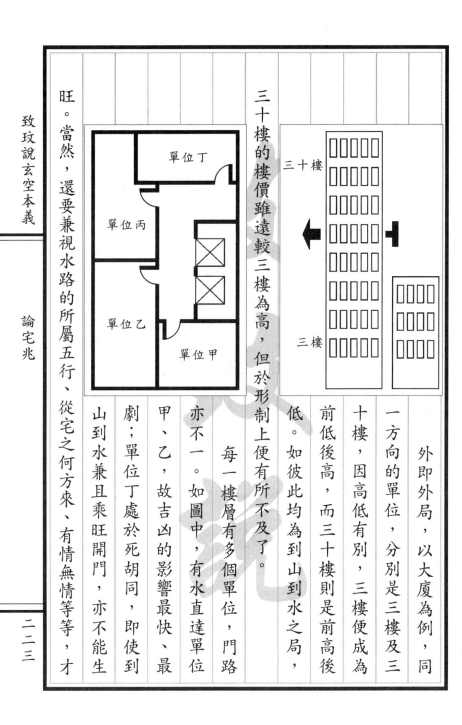

可以推斷吉凶。

如宅開兩門，則可視何門生旺而取用。

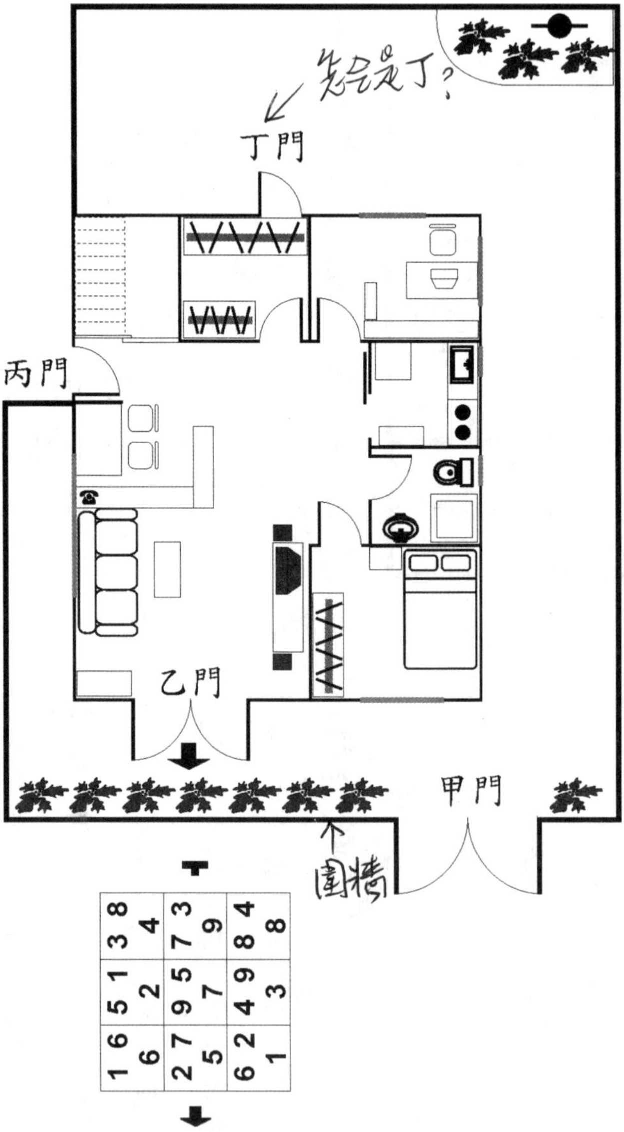

致玟曾遇過上圖的房子，門口達四個之多，是令很多人混亂的一宅。甲門只屬氣口，實際上乙門才是此宅的大門，量度座向亦應以此為據，而其餘兩道門也是氣口。

此宅是七運的酉山卯向，在七運時，乙門屬乘旺開門，外路由甲門直達，成一門生一門，可承二十年旺氣。

踏入八運，乙門已退氣。但丙門則是一貴當權，睡房門恰好在相同的位置，同樣是乘旺開門，可收二十年旺運之功。

至於丁門，在七、八運皆屬退氣，故封之不用，反正通往花園的門還有乙門。

乘旺開門，尤其是在一間屋中有多個房間一樣，很多時比七星打劫更為有力。此宅只要不作大肆裝修，在七、八運四十年間，納得的生旺極大，比七星打劫更悠久，又何必費盡心思去尋求七星打劫之局？

況且，是宅只需於九運初即換天心，更可得到九、一運四十年的旺運，一個宅寓能夠連續保持八十年的生旺氣，殊屬難得。陽宅改動的靈活性，實非陰宅可媲美。

內即內局，一宅之內，除大門外，最重要的莫如私門——房門。必須令宅內的水路能生旺房間，而所謂生旺，無非是與理氣配合而已。

嘗見一些俗師，雖然明白乘旺開門的重要性，卻不知道水路的可修改，每每叫宅主拆門改位，真是未見官先打三十大板。須知道拆門移位所牽涉的不只是金錢那麼簡單，若牆壁屬結構牆，則不單不可胡亂開鑿，嚴格來說，連一根釘子也不能釘上。

樓宇的圖則，千奇百怪，不可能每一所房屋、每一個房間，均符合風水要求，一個合格的風水顧問，便是利用風水知識去作靈活的改動，務求在有條件限制的情況下，設計出最妥善的佈局。那些動不動就叫人搬屋、要人拆牆、移門的術師，水平只居一般。

試想想，若所有的門戶皆設在合適的位置上，宅主的運勢基本上是順遂的，又何用看風水？真正需要風水幫助的人，是在事業、家庭、感情或健康的範疇中出了岔子，本身已經被問題困擾著，術師還要他們勞民傷財的大肆張羅，豈非百上加千、煩上加煩？根本就沒有站在事主的立場上感受過，更不曾替他們考慮過、設想過，只求無功無過、袋袋平安罷了。

其實改善之法，有時可以很簡單，只需加一個櫃子，便可令門的宮位改變；加一張地氈，便能化衰死為生旺。視乎設計者的功力和腦筋的靈活性。

以大門為例，一個單位的大門究屬何宮位，已經足夠令人頭痛。正向如是，隅向有過之而無不及。若連門口設在何宮也分不清，任《易》學水平如何高，也不可能斷事準確。

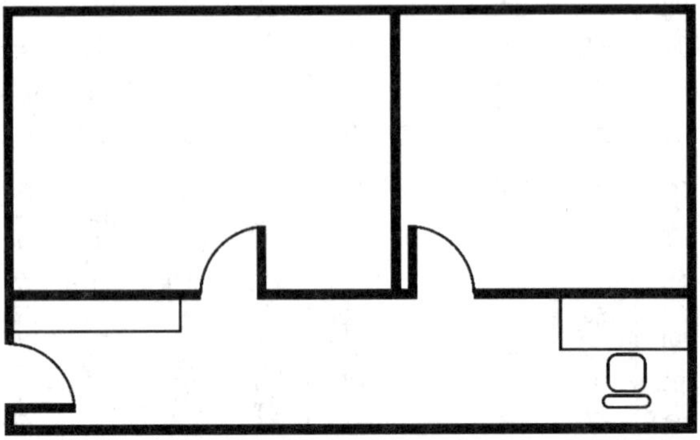

卯 ← | → 酉

1 6 6	5 1 2	3 8 4
2 7 5	9 5 7	7 3 9
6 2 1	4 9 3	8 4 8

巽	離	坤
震		兌
艮	坎	乾

這是七運的酉山卯向，若單就平面圖來看，大門是設在艮宮。但當放置了一列櫃子在門邊，如上圖，令人站在大門時察覺不到有兩個房間存在，錯覺地認為單位只有一長條形，如是，大門便屬震宮。

若不作任何佈局，於七運時，生意尚算不俗。但一俟至八運，向星即退氣無力，必須用水化解。但形勢上震木之象極強，容易招惹官非，尤以房外的座位克應最劇，即使事情與他無關，也往往被牽涉入內。就算以火化洩，亦難免有是非自動飄至，只是無傷大雅而已。

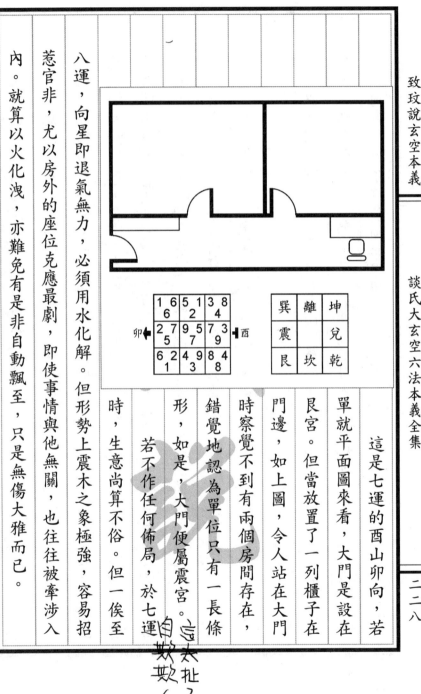

同樣是酉山卯向，但整個單位的設計將大門反置於座後，若依坊間作法將單位平分九宮，便會變成乾宮門。

九宮並不是呆板的死法。

此宅的大門設在艮宮，但宅的來路則屬坎方。

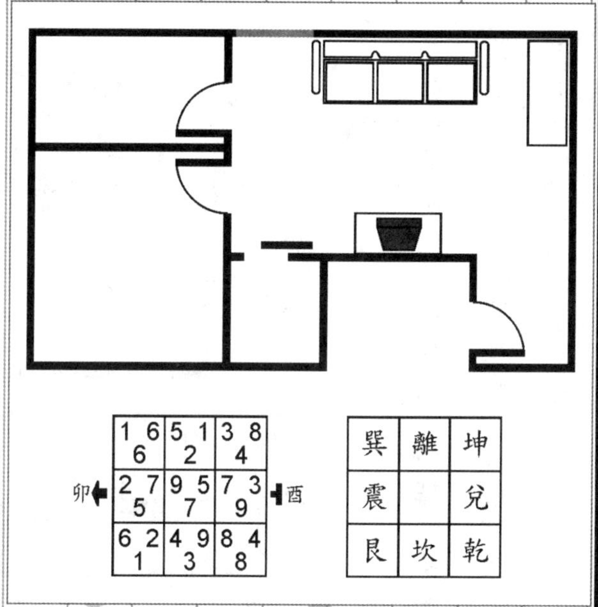

或許大家會有一個疑問：艮宮門的前方又會屬什麼？九宮既然不是死方位，也就是說，一切是建基於相對的關係上。

就大廳而言，沙發在離宮，電視在坎宮，窗戶在巽宮，而櫃子則在坤宮，只要明白相對的道理，自不難摸索其中的奧妙。

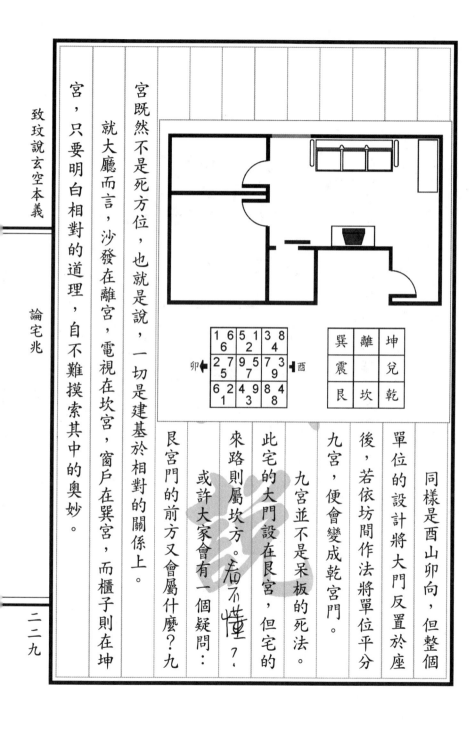

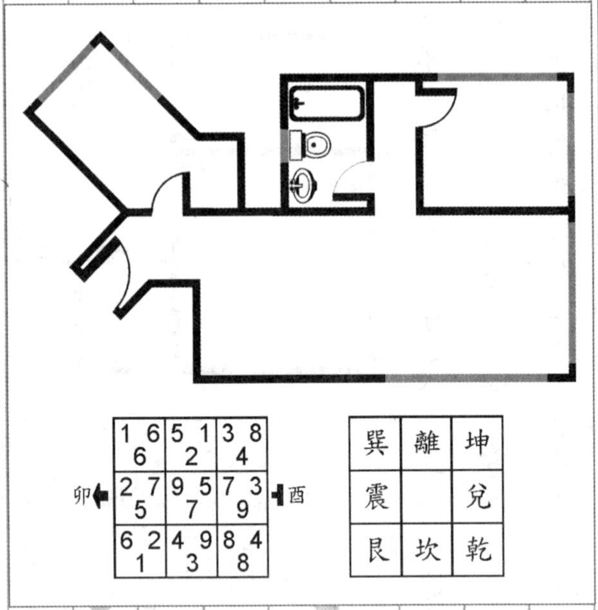

圖中的樓宇設計，在新型屋苑中頗常見，建築師的用意是使單位可以有更多的地方設置窗戶，而且不會看見鄰屋。可惜，卻令宅寓納氣不純，有招凶容易招吉難的情況出現。

當清楚到上圖的門口位置所屬宮位，對於此圖則亦不太難理解。

只要緊記飛星盤是不動的，扭轉的是平面圖，換言之，是以平面圖來遷就飛星盤，非坊間術師胡亂扭放數字來迎合圖則。如是，即知大門座落震宮，右上角的房間則是開巽宮門。

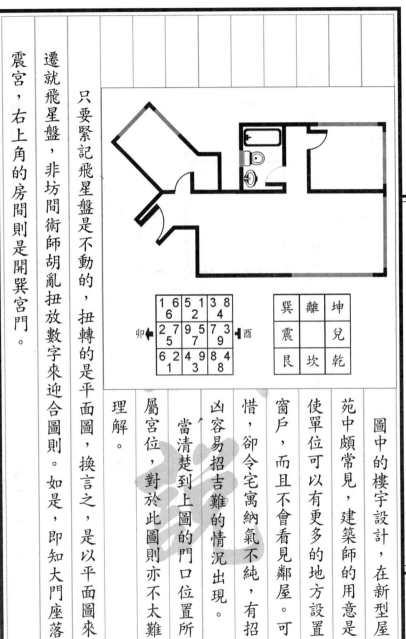

正向的格局如是觀看，隅向也是一樣。

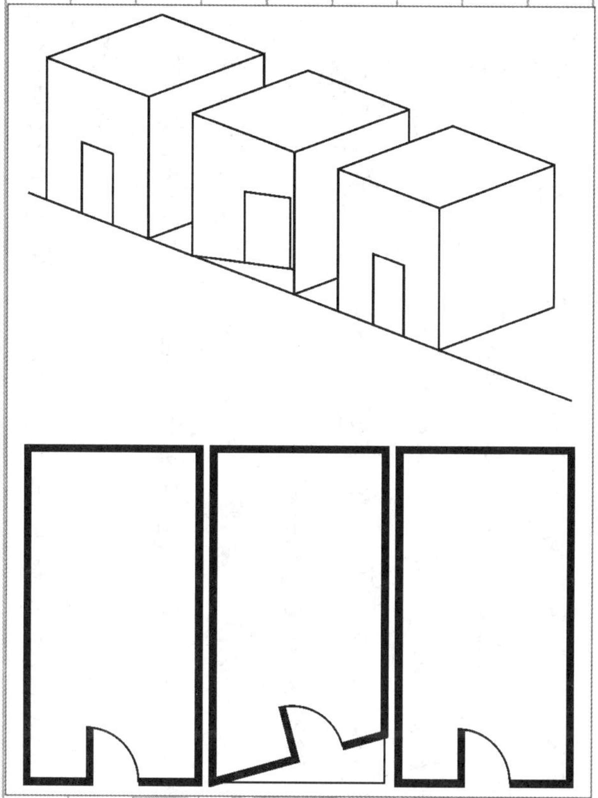

大門是一宅納氣最關鍵之處，必須謹慎處理。玄空風水講求與環境自然的配合，一旦標奇立異得有礙觀瞻，如斜門，便是不自然的做法，少有吉論。

其次便是主用事位及灶位的設置，由門口再生入用事位，無非是水路的安排、五行之運用而已。

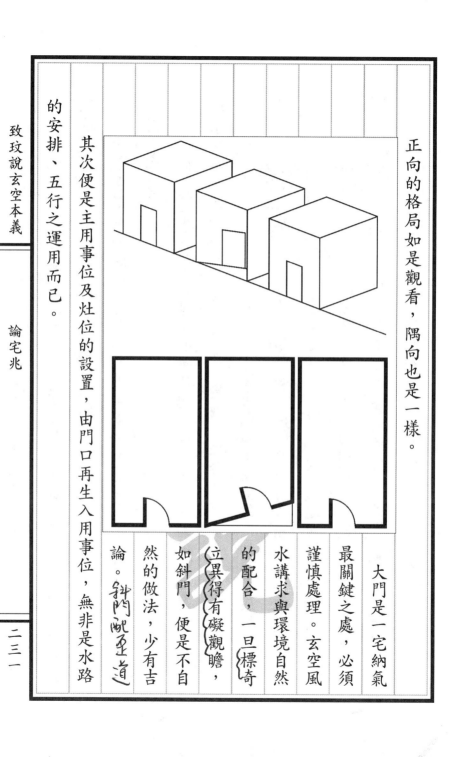

凡此種種，必須要對《易》象有所了解，再加上不斷的實踐，才可以把這門看似簡單樸實，其實變化多端的學問了然於心。

除了看得見的物件有其五行外，看不見的氣味、聲音等等，亦有《易》象可言。

它們雖然是肉眼看不見，卻可透過空間、水、固體等媒質傳播，這個現象稱為「波」，有「縱波」及「橫波」之分。

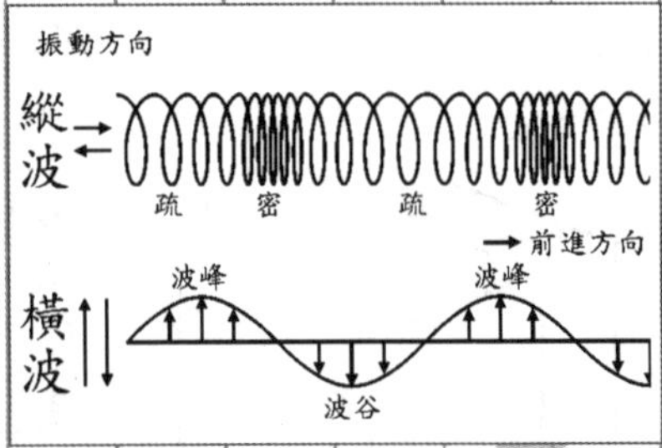

縱波是隨著空氣的密度變化，如彈弓般振動縱向傳播，如聲音；橫波呈垂直方向振動，如水。

除了光以外，縱波的傳播速度遠比橫波大，當調高音量播放槍林彈雨的影片、或超低音的擊鼓音樂時，大家會感覺到玻璃、地板有震動，這便是縱波。振動愈大，音量愈高，同時亦正在震動著人體，令精神處於緊張狀態。

當一個人長期精神緊張，令壓力不能紓解，雞毛蒜皮的事情也會觸動神經而大發雷霆，導致人際關係變差，頭腦也欠缺冷靜。處事衝動的人，平日的舉止亦會較急速，往往還未看清前路，便直闖而去，發生意外的機會自然大增。

這類猛烈的撞擊聲音，於《易》象中屬「震」卦，震為雷，性剛而直，在生旺時主創業，剋煞主爭鬥、官訟、足傷等。

五行並無一定好壞之分，猶如人一樣，有優點，也有缺點，視乎遭遇顯露哪一方面的特質。

有些人比較精打細算，事事量入為出，不會胡亂花費，謹慎的理財態度，令他不致陷入拮据的窘境。但若過於計較，連一毛錢也不願拔時，則變成吝嗇了。

在八運中以八白為最生旺之氣，然而，艮卦也有其缺點。艮為君子、潔淨，但太過時，便會變成孤芳自賞、潔癖等等，優點缺點，一線之差。

星	卦	五行	生旺	剋煞
一白	坎	水	科甲、名揚四海、聰明智慧	刑妻、淫盜、憂心、飄盪
二黑	坤	土	發田財、旺人丁、武富	卑鄙、吝嗇、寡婦、惡瘡
三碧	震	木	創業興家、財祿	哮喘、殘疾、官訟、爭鬥
四綠	巽	木	文才、聰穎、結交貴族	淫亂、自殺、酒色破家
五黃		土	醫藥、厭惡性行業、巨富	弱智、昏迷癡呆
六白	乾	金	權威、巨富多丁、武職勳貴	刑妻孤獨、辛勞形役、盜賊
七赤	兌	金	口才、金融、消閒	口舌、毀折、離鄉、火災
八白	艮	土	君子、孝順、潔淨	自閉、瘟疫、潔癖、性無能
九紫	離	火	驟富、美觀、文章科第	目疾、吐血、不孕、哭泣

前文已提過星的生旺衰死，即八運以八、九、一為生旺氣，並非代表其他皆不可用，只要配合得宜，每一顆星均可發揮其優點。相反，旺星亦可致凶禍。

不論任何飛星組合，首要原則是達到明淨的效果，即整齊潔淨；其次，切忌過猶不及，水能載舟亦能覆舟，凡事適可而止。能夠做到上述兩點，即使未曾作風水佈局，也可倖免大災。

宅之氣色無形，不能單憑飛星、形勢以定吉凶。

多層大廈中，中層的位置，往往將一兩個單位闢為機房，放置電氣馬達或電錶，整座樓層頓然給人詭異之感，試問處於該層的單位，縱然到山到水，又有何吉可言呢？

故此，推斷一宅之風水時，尚要顧及宅的氣色，此則需要多加觀察才可領略。

論穴

原文：

地理最注重者莫如穴，穴者，生氣會萃之所也。

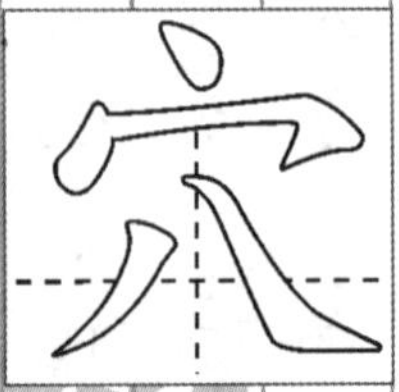

其象形極為明顯，「丶」為首，為來龍發脈之所，猶人之首；「冖」為開帳之勢，猶人之左右手，即大龍虎砂也；「八」者為內砂小龍虎，氣聚於中，猶人之兩股，結穴即在其中，男女相交，而能生育者即此。結者，凝結聚集之意，故稱「結」。

其穴之深淺高低、偏左偏右、宜前宜後，全以近身之內八字為準繩。一以外氣為主，一以內氣之土色為主，陰中取陽，陽中取陰，剛柔相濟，乃為正結。古以暈為言者，意亦在此。

書云：「孤陰不生，獨陽不長，陰陽和而後雨澤降，高而不露風，低而不受水，避風避水，所以稱風水。」

陰陽相和之陽，即生氣交合之所，形氣相感，其吉可知，理也亦宜也。

觀乎人察乎地，察乎植物開花結果之所一也。非既有花果而知其氣聚，當其未花未果之前，已可知其此株之必無花果，而必有花果矣。不特如是，即其花果之大小強弱，亦可於事前測而識之，此無他理也亦宜也。

地理之知其前因後果者，一理而已矣，形氣兼參，自得其妙，誰曰「舍體而言用，舍用而言體」，以一而分為二，非地理之道也亦明矣。

致玟說：

《心眼指要》：「一葬理之事，所以安死者，非為福生人。死者既安，則生人自福，不必更生妄想於其間也。」

又云：「大凡擇地安葬，必先積德。地有吉凶，德有厚薄；德薄者葬凶，德厚者葬吉，此乃天地陰陽自然之理也。」

擇地安墳，首要令死者安息；穴要不被水浸，沒有蟲蟻之患。至於福蔭後人，則成次要。俗云：「什麼人住什麼屋」，穴亦一樣。後人若只為求福蔭而替先人葬吉地，一則本末倒置；二則可能尋地經年而致死者久久未能入土，難以安息。更有甚者，於所謂吉穴旁安墳，以為必可因而發福，不知「自有一定不可移之穴」的道理，葬後自己固然不能納吉，還破壞他人的風水，尤可恨。

火葬已成大勢所趨，亦可免卻水浸、蟲蟻之患，實在值得鼓吹。至於福蔭之事，不如自己修身立行，求取穩妥的陽宅吧！

客觀環境雖然如是，但習玄空者卻不可對陰宅一竅不通。相陰陽二宅雖有不同，但在一些道理上，卻是大同小異。若只著眼於陽宅，而對陰宅不屑一顧，則難免有所缺失。

《心眼指要》：「平岡平陽看法與山龍一般，第一先看神氣土色，第二要看龍身活潑靈動，第三要看界割清切，第四要看四面照應卻有真情顧穴，第五要看過峽起伏，第六要看堂局水氣止蓄固聚，第七要看下砂關攔有情有力，第八要看八方平順，第九要看穴情真的，第十要看砂水相稱、穴情顯隱偏正，然後再言點穴立向之得失。」

又云：「窩鉗乳突，穴之象也；蓋粘倚撞，點穴之法也；更有法中之法，名曰理氣。」

陰宅重龍脈，龍有山龍與平洋龍之分；山龍看山巒，水龍視水口。金龍既得，再尋龍身的生氣活潑處，自可見可扦之地，再配合元運立向定穴，自然龍砂水穴向俱備，亦即「明堂十字有玄微」之意。如是，則陰陽交媾、體用兼備。

道理看似顯淺，但巒頭千變萬化，穴法又多端，生氣更是難測，必須多觀察、用心眼方可得之。因此，若以為學一兩年風水便可替人點穴，無異癡人說夢。

圖為香港的八仙嶺，由嶺頂分出五條枝脈，四條脈絡初看似剛勁，細察卻是脫氣無力。只有中間的一脈似不顯眼，但連綿無斷，這才是最為剛勁的一脈。

從峰頂上觀察，見龍脈有幾重起落，剝換、穿田，忽焉隱沒，然後在稍遠處吐出一個星體，卸化粗頑惡煞的石氣，將五龍形氣盡收入穴。

所結之穴，便是香港十大名穴之一的「海螺吐肉」穴，見附圖。然而，時移勢易，環境的變遷令名穴的明堂盡毀，格局已破，周遭淪為蟲蟻的居所。取而代之的，是稍高處的一穴，截承同一條龍氣，堂局寬廣，方是龍真穴的。

真正結地

果真是龍脈雖有五，真龍只一條；墩阜不只一，土星唯有是；墓穴滿眼簾，結穴止一處。

觀察一地的可葬不可葬，捷徑是視附近的土質、植物。

如長滿蘆葦，即表示濕氣重，下後棺木易生水浸之患。土質疏鬆，又恐防有山泥傾瀉之虞。

如香港的和合石，屬早期開闢的公眾墳場，位於新界粉嶺。該處土質鬆散，曾於九六年六月、九九年八月、二〇〇一年六月，先後因暴雨引發山泥傾瀉，總共造成數百個骨甕及墓碑被沖毀。且部分骨甕被砸毀而跌出骨殖，可能會出現「撈亂骨頭」情況。單就這點，即知道和合石並不適宜安葬，毋須花費心神於該地的風水上。

從土質、植物中，便可以知道一地是否有藏風聚氣的條件，符合這先決因素，再堪輿覓穴亦不為晚。

論前後龍虎

原文：

古論前後左右，大都以朝南為例言之。南方為後天之離，《易》曰：「離為雉。」南方屬火，火色朱故稱「朱雀」；北方為坎，《易》曰：「坎為矢。」矢者獸屬，北方屬水，水色黑，故稱「元武」；東方為震，《易》曰：「震為龍。」東方屬木，其色青，故稱「青龍」；西方為後天之兑，《易》曰：「兑為羊。」屬獸類，西方屬金，其色白，故稱「白虎」；乃前後左右之代名詞耳，實則無所謂龍虎雀武也。

龍未必純吉，虎未必盡凶，總之不論前後左右，務必高低相稱，處處合情則為吉，無情則為凶。

地理立穴，一如人事，主客儀容，務必相稱，主弱賓強，則非所宜。

書曰：「山有情水有意。」面面相顧，方稱全美。

世以龍地龍穴稱之者，實為怪談；世又有以喝形名地者，更屬無稽。言龍言虎言禽言獸，地之外形，或有近似之模樣，其內氣之結作，何嘗有此肖像？乃好事好奇者，以此命名而玩世耳。所以有甲以為是禽，乙又以為獸者，而丙則或以為非禽非獸矣。諸如此類，姑聽之而姑置之可矣，於理則無之也。

語云：「能為智者道，難與俗人言。」而俗人亦往往好聽之而亦好言之，且不以為俗也。然歟否歟，質之高明以為如何。

致玟說：

《心眼指要》：「青、玄、朱、白，即前後左右之別名。証佐者，即是向証、穴証、官鬼、禽曜、朝案之類。情也者，拱向有情之謂也。前後左右果有真情朝拱，則內氣自真。內氣真再察其神氣，果有精光融聚之致，神完氣足之象，自能一葬便興，文發子榮。如神不充、氣不足、精神煥散、氣色乾枯者，雖有萬水千山，徒無益也。」

《平砂玉尺辨偽》：「今之地理家，分龍穴砂水為四事。或云龍雖好，穴不好；或云龍穴雖好，砂水不好。何異癡人說夢。」

所謂前後龍虎、青玄朱白等等，指的不外是穴的四周形勢，亦即龍砂水穴之意，只是名相不同而已。

四勢之形，總不出乎五行之外；玄空之道，亦在五行中求。因此，什麼破軍山、廉貞山、貪狼山等等，亦只代表山形的所屬五行，並不代表著一定的吉凶。必須互相兼顧，察其是否互相配合，有生氣藏於內，為我而立，才可言吉，即「有情顧穴」之意。

地師喜以一地的形象而立名目，原意只為方便辨認，如玉屏、飛鳳、蟠龍等，均是形容詞，且所立的名號往往是一己之見，並非大眾所認同的。無奈俗師本末倒置，誤以為某地稱龍便為吉，某地喚蛇定是凶，反把穴的最緊要處忽略了。更有甚者，硬把巒頭上的形容詞套用在現代建築物上，然後胡說一通，遂把世人都給迷惑了。

如香港國際會議展覽中心（Hong Kong Convention & Exhibition Centre）新翼，落成後便被形家紛紛套上靈龜之名，說什麼靈龜沉了、落水…諸如此類。

實際上，此建築物的外形與龜並沒有一絲牽連，設計的意念是由香港貿易發展局（Hong Kong Trade Development Council）的商

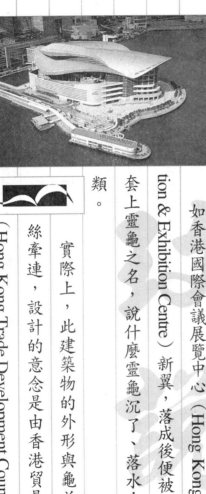

標——海鷗引申而來，充其量只可說這鳥咀平向，沒有氣勢。但在風水角度上，卻無實際作用。

會展是香港最大的一個展館，每年的展覽不下百個，其中逾八成更是國際性的，這已經形成特朝水；而且陽宅以門向為主，會展舊翼與新翼連成一氣，新翼雖另立一門，但座向仍以舊翼來定，又豈會因加建而令座向有所改變，更遑論因此而影響整個香港的地運。

又曾見新界一些墓穴，在穴前自製兩座約二尺高的英泥小假山，塗上黃漆，其用意實在令人丈八金剛，摸不著頭腦。何況那穴建在山腰下，前面是巴士站，山形巉巖，實在不能言吉。

吳公云：「龍穴既真，前後左右之山自然相應，若龍穴不真，雖有妙砂，亦好無蓋。」

須知道，穴是以大地形勢察看，龍脈發源處、左護右砂、前朝後案等，所言的乃是大形勢，在穴前往往見不到。而且尋龍點穴首重看龍，並非砂水。如果兩座小山便可改變形勢，那麼人人均可自建山龍、砂手了，又何須千里尋穴?!

有關陰宅形學風水的典籍，讀者可選擇《汪氏堪輿洩秘》一書，內藏資料甚豐，堪稱辭典，閱後自能對形學有一定的基本認識。然後才翻看《心眼指要》，自必倍感輕鬆。

辨山情水意

原文：

山水向我者為有情，背我者為無情，我者主也。立穴之所，立宅之所皆我也。向左則情在左，向右則情在右，猶人之四肢，皆向內而不向外，情在於身也。植物之枝葉，枝枝向本身，亦情在內也。

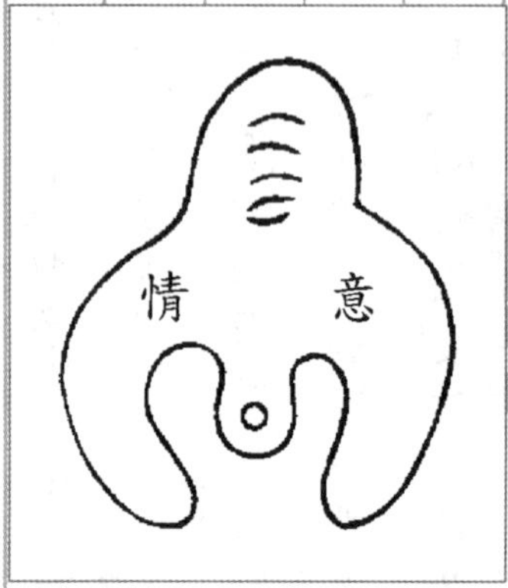

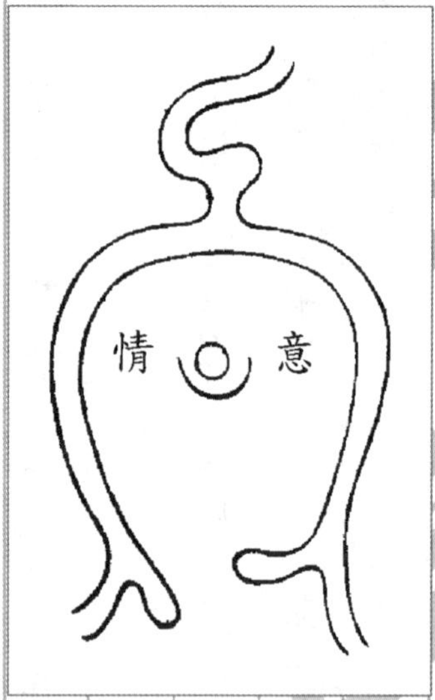

地理論形勢，不外乎一情字；論理氣，不外乎一時字。合情、合時則

為休，失情、失時則為咎。形家法家，千言萬語，均不能出此情、時二字之範圍可知矣。大情則大結，小情則小結，結之大小，係於形勢，發之遠近，係於理氣，乃一定不易之理。貪大易假，貪小力弱，總之山水無論大小，結地不拘幹校，要求其一真可矣。

地脈之凝結，宛如果木，枝枝開花結果，有花有果即得矣，惟恐其無花無果，則徒然枉費矣。

擇地安親，適可為止，過猶不及，中庸之道，不受庸愚所欺，不迷於富貴利祿，求其平安與合理則可矣。為地師者，亦能抱定此旨以應世，自無江湖邪說之譏矣。

天地間萬事萬物，不外一理，理通則自合，《周易》三百八十四爻，包含三才，亦不外一理，惟世有無理而以為理者。

地之理，尚有山水形跡可見，有心人自能識之，歷古以來有信之者、有關之者，不自研究無暇講求有以致之耳，姑聽之而姑言之，哲理具在，豈如卜筮星相之可任意飾詞哉。

致玟說：

舉凡風水典籍，均有提及「有情照穴」、「關照有情」等字眼，那麼何以區別「有情」與「無情」？是否「有情」方為吉，「無情」便是凶呢？

《心眼指要》：「夫，筍縫鬥合四字，是龍穴砂水相朝相顧，雌雄相配，主賓相迎之情狀也。……道其形曰筍縫鬥合，言其情曰雌雄交媾。」

山龍是有情抑無情，可從向背中得知。大龍行度之間分牙布爪、踴躍馳驟、兩邊均勻、無分背面，惟將及作穴之際，則有背面之分。開面處自然光彩齊整、秀媚好看，如人面向有情，此處始可尋地；背立處自然巉巖破碎、粗醜不美，如人背向無情，此處不必著眼。

然而如砂手成反向，即「離鄉砂」，或「反手砂」，本屬無情，但有水屈曲回環抱穴，則不妨下，主子孫他鄉發達。

至於水龍的有情，即生動活潑之處，所謂「之」字水、「玄」字水。之、玄亦只是形容詞，意指欲去還留的情狀。簡而言之，有人活動的路，便有生氣，如一路有停泊，便是有情，高速公路則無情。

至於向背，平洋亦有之。平洋以開堂辨背面，平田曠野須面前有天然內堂，然後可阡；若四面皆無明堂，即是絕氣之地，雖有朝應，亦不可下。故平洋穴必須開口，方為有情。

無情一般不作吉論，但亦有例外。

如銅鑼灣啟超道與渣甸街交界，每月租金廿餘萬，前身是果汁鋪，每杯售價十餘元，店主除可支付龐大的租金外，還賺得盤滿缽滿。易手後是時裝店，但見店內顧客只得小貓兩三隻，顯然生意甚為冷淡。外路沒有任

何改變，座向亦與以前毫無分別，何以生意會天差地別？只因行業不同所

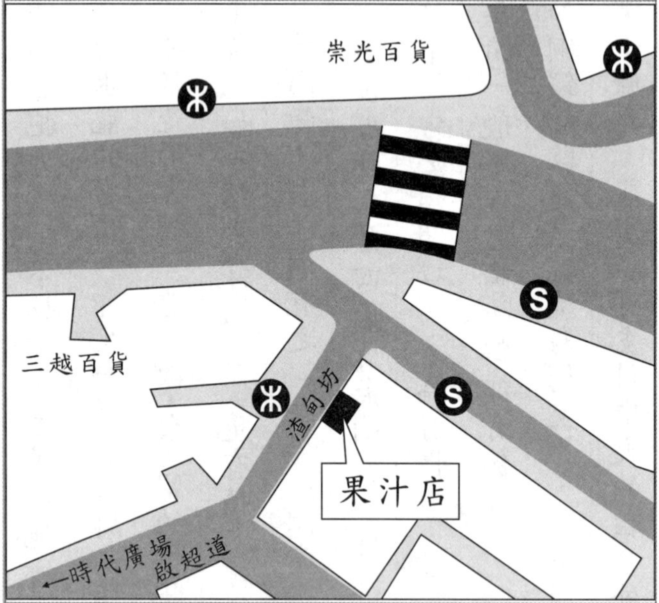

致。

此處水路縱橫，面對地鐵站出口，鄰街是小巴站，啟超道是通往時代廣場之路，而果汁店側是地下室電子遊戲機中心，形成該處人來人往，但無停泊，且來水少去水多，有無情之意。

果汁鋪只要人多，買完即走，毋須顧客逗留，故無情亦可興旺；但時

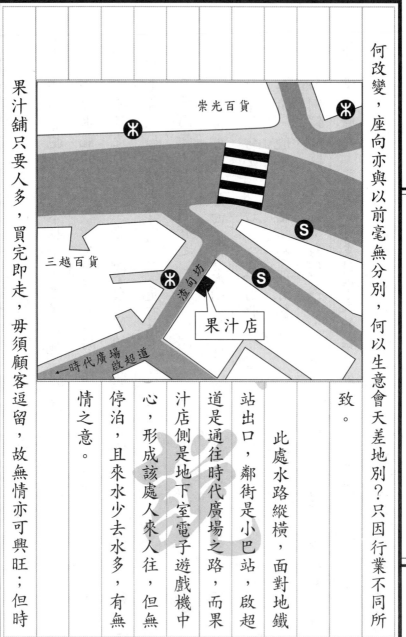

裝店則不然，需要顧客停駐，必須有情才可留住顧客。舉此一例，可見行業與水路的關係，並非如一些大師所說地有陰陽之分。

一般而言，水路有情，適合高消費的行業，如時裝店、飾品店、髮型屋、傢俱店等等；而無情的水路以快來快往的行業為佳，如果汁店、小吃店、報攤等等。

行業除與水路有關係外，收山出煞亦具一定的影響力。致玟歸納出一些大概，以供大家參考。

一、辦公室：設在大廈的單位內，不論收山抑出煞均可。

二、醫務所：即使收山，門面不起眼，病人也會去尋求良醫。尤其是專替明星、名人等整容的診所，客戶更不欲張揚，則位置愈收山愈佳。

三、特別癖好行業：如情趣用品商店、一樓一鳳（個體戶式淫業）、抵押店（當舖）等，客戶多不喜他人知道自己光顧，這些行業，均以收山為佳。

四、樓上店鋪：以廣告及口碑作為宣傳，不論收山抑出煞均可。

五、商場或地面零售業：尤其是奢侈品，必須靠商品來吸引顧客入內，門面便不宜收山，越出煞越能吸引人。

有關收山出煞的記載，最早見於唐・楊筠松的《天玉經》，但言詞隱晦難明。

《天玉經》云：「乾山乾向水朝乾，乾峰出狀元。卯山卯向迎源水，驟富石崇比。午山午向午來堂，大將鎮邊疆。坤山坤向水坤流，富貴永無休。」

古訣云：

玄空本是無多訣，大巧原自拙。收山出煞兩不同，差錯禍無窮。

出煞山頭一十四，切切君須記。四墓乙辛丁癸山，寅申子午間。

尚有艮坤兩山位，足爲出煞例。收山只得十星辰，乾巽與丙壬。

甲庚卯酉連巳亥，氣散便成災。收山聚氣要成團，出則散無存。

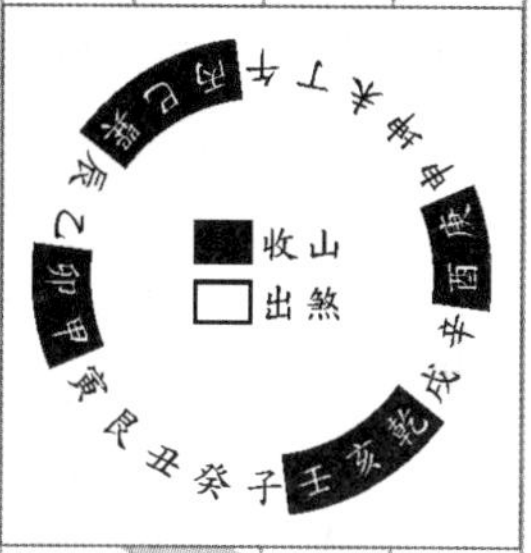

收山：壬丙、甲庚、卯酉、巽乾、巳亥，共十個座向。

出煞：子午、癸丁、丑未、艮坤、寅申、乙辛、辰戌，共十四個座向。

收山的座向，要做到門面不突出、不顯眼，務與鄰近相似。則所收納的富貴不會被他人所知，即禾稈冚珍珠之意。

出煞則要門面金碧輝煌、與別不同，有懾然的氣勢。能夠得到名聲，所享的富貴亦為人所共知，如耀眼鑽石般璀璨。

收山出煞的影響力宏大，只要合乎規矩，運勢已然順遂了一半。相反，縱然內局佈置如何妥善，犯上收山不盡、出煞不清，則往往在接近成功之際出現岔子，抓破頭皮也不知所以然，麻煩是非接踵而至，變成應旺而不旺的情況。

《都天寶照經》：「都天大卦總陰陽，玩山觀水有主張。能知山情與水意，配合方可論陰陽。」

章甫云：「山上水裡，彼此相生，動靜得宜，雌雄配合，此配合即是山情水意，玄空之配合。」

此處所言是理氣的配合，指的是山水二星的關係，相生便是有情，相剋則無情。

綜上而言，要知山水是否有情，必須形理兼察，不可缺一。山龍只作陰宅用途，陽宅不必著眼，切不可將山龍的準則硬套入陽宅中。

辨龍穴砂水向

原文：

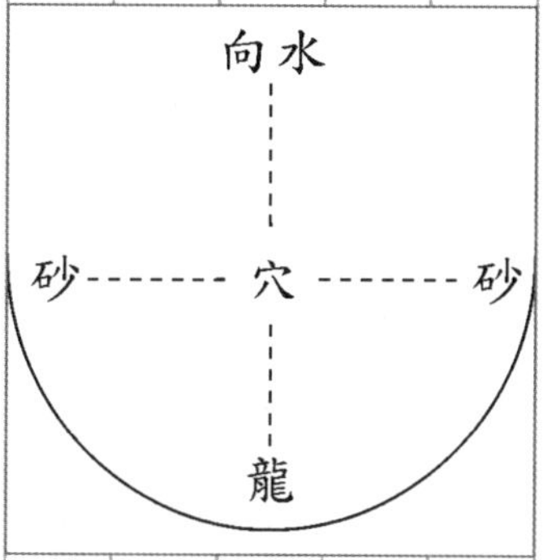

看地與看植物無異，不過命名之不同耳。植物之根，即地之來脈、來龍也；其開花結果之所，即穴也，乃即形止氣蓄之所；其左右分枝，即所謂砂也，幹為主而枝為客，幹名龍而枝稱砂；花果之向上而長者，即向也。惟水則或左或右，原無一定。

花果枝葉之賴以生化者，重在根幹也；賴以保護者，在乎左右之枝；得以滋潤者，賴在雨露之水。其成份之大小多寡，務以根幹花果之大小強弱為斷，潤澤適宜，則滋長必繁；如或太過不及，則雖有花果，而成熟有異矣。

地理之論龍、穴、砂、水向者，其義亦與此相符。曰「龍貴陰」者，陰則脈氣強盛有力；「穴貴陽」者，陰來化陽也，陽則氣和有濟。元武要垂頭者，認面別背之分辨法也；砂貴揖水貴朝者，顧我有情無情之分也。其它如後山鬼撐、砂外曜氣，以及案內、案外、官星、貴人等等諸說，乃辨本身龍力之大小強弱之分耳。與植物之大小強弱，形同一理。

平洋依水為龍者，龍非水也，來氣來脈為龍也，水有情則砂自有意，一為立體，一為眠體，所分者不過如是耳。用法之或重脈氣，或重水勢，則與山地無二也，得訣傳眼者，自能分別用之矣。

致玟說：

《心眼指要》：「奇形怪穴，世所驚詫，在道眼視之，則無奇不正。

其所以然者，無非因氣審形，因形察氣，氣不離乎形，形不離乎氣。」

又云：「穴有就局之法。蓋以地勢闊大，龍神散漫無穴可定，必須察其情形，稍露頭角之所，及照應有情之處，體裁酌量，相度權衡，然後扦點，謂之裁。裁者，相度之謂也，並非掘鑿闢填乃謂之裁也。」

山形千奇百怪，容易令人眼花撩亂，但總不離形氣兼察。

凡擇地，不論陽宅、陰宅，均不是有錢便可求全美，有些人窮一生所得的亦有缺憾。因此，只要覓得可以之地，納取吉向，得享平安，便應足矣。更何況一個人的所得，是應該靠自己雙手努力求取，斷不能利用他人，風水只是幫助事情達致暢順的一件工具，最重要的還是要自己努力。

正所謂「天助自助者」，風水並非法術，不能令人享有免費午餐。任何一門術數，皆只是推出大方向，變數五花八門，數之不盡，自己的努力才是最重要。若以術數作為掩飾自己不是的藉口，更是可恥！

《聖經》中也有記載，上帝創造天地萬物，獨人類與別不同。人與其他生物不同之處，是神賦予人類有自由意志，意思是走不同的路向，會行生不同的結果，一念天堂，一念地獄，視乎個人的抉擇。

九七香港回歸之前，房價被炒至高峰，當時友人的家人打算買樓，遭致玟及友人的反對，理由是我們皆估計回歸後房價會回檔，沒理由摸頂入市。可惜，他的家人一意孤行。不久，一場金融風暴下來，令物業變成負資產，損失慘重。

又曾見友人在選擇配偶時，廣徵術師意見，揀選了性格不合但在八字命局、金錢上能夠幫助自己的對象。結果是同床異夢、貌合神離，在人前裝作和諧，背後吵吵鬧鬧、家無寧日，但又礙於金錢利益、面子問題而保持婚姻關係，慘變婚姻的奴隸。彼此活在憤怒、怨恨當中，根本弄不清活著的意義，惟有寄情於工作。

人生存於世上，是要得到喜樂。喜樂從何而來？首要忠於自己的感受，再從合法的途徑賺取物質的享受。一切的富貴、名譽、地位，到最後只是虛無，並不能帶給人真正的喜樂。

所有的術數，其作用只是幫助人去選擇正確的方向，最終的決定權，還是在人的手裡。

斗數盤的格局佳，不努力也是徒然，結果可能比運道差的人還要差。運勢弱時，更要努力百倍，奠定根基，一俟順景，自可飛躍龍臺。

面相佳也不等同真的卓越，有時及不上面相差的人。祇因彼此的層次有差異，猶如九流學校的高材生與哈佛大學的劣質生，孰優孰劣？

再好的風水，也須人的努力，才會發揮效用。在天寒地凍的隆冬，不蓋被子睡覺，任由寒風吹打，即使身體如何強壯也會生出病來。同理，縱使做了妥善的風水佈局，但終日游手好閒，成就也是不會從天而降的，至多只是使人不致過於煩憂而已。

《都天寶照經》：「龍真穴正誤立向，陰陽差錯悔吝生。」

語云：「有死向，無死地。」地是客觀環境，並非由一己之力所能改變的，但向則不同，很多時可由後天人事去左右。

寅山申向（寅山，申向）

1 4 7	6 9 3	8 2 5
9 3 6	2 5 8	4 7 1
5 8 2	7 1 4	3 6 9

卯山酉向（卯山，酉向）

5 2 7	1 6 3	3 4 5
4 3 6	6 1 8	8 8 1
9 7 2	2 5 4	7 9 9

此墳塋屬政府營辦的公共墳場，以抽籤方式選擇，形勢是前低後高，砂手邊有邊無，可以由事主出主意的只有墓碑。

如依整列墓碑的排列方向立碑，便要立八運寅山申向，犯上山下水兼水星伏吟，是丁財兩敗之局。遂將碑面稍作改動，變成八運的卯山酉向，在墳塋的座後種上紅色小花，使事主一家平安健康。

雖然形勢上有所缺失，但憑藉向的改易，至少可免卻災病，其餘的，唯有以陽宅風水之力作補救。萬幸，在立碑後，事主一家尚算不賴。

向是納取生死之門，立錯向，縱是吉地亦可破敗；地雖劣，能納吉向亦可安穩。因此，向首和天心是玄空風水的一大重點，讀者必須謹慎處理，毋容輕忽。

龍力長短辨

原文：

經云：「一代風光一節龍，龍來長短定枯榮。」其數法，由近穴第一節起為第一代，龍如此論，水亦如此論，平洋地龍微而脈隱，亦如是論。三十年為一世，測某代應驗如何如何，即如是論之。

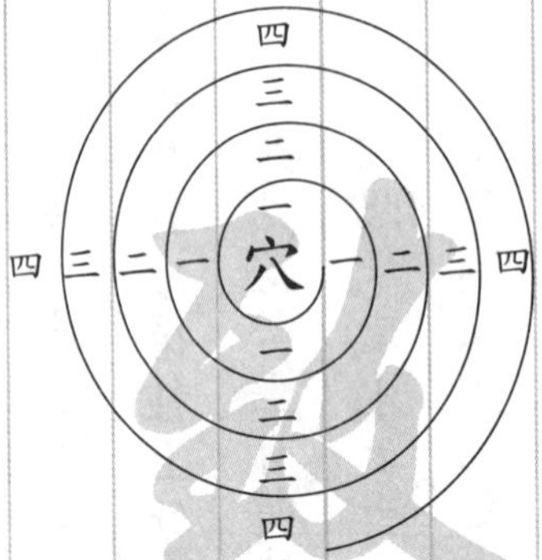

古師每有其說而閱者難明，緣列此圖以明之，神而明之，存乎其人。

致玟說：

《天玉經》：「水流出卦有何全，一代作官員，一折一代為官祿，二折二代福，三折父母共長流，馬上錦衣遊。馬上斬頭水出卦，一代為官罷，直山直水去無翻，場務小官班。」

龍長力強，其理何在？山龍長便有分，分能把粗頑之氣脫盡，脫卸清則龍真。水龍亦有分，分即有曲折，有曲折便有水聚，水聚則氣止，情自是環向。因此，便有「龍來長短定枯榮」之說。

但龍長未必純吉，必須不出卦始佳。如向首是天元龍，來龍亦是天元龍，便是不出卦；若兩者所屬的元龍不同，則是出卦。

龍越長，曲折越多，但要每一節均在卦內，才稱得上「一卦純清」。一節代表一代，何節吉便何代榮，何節凶則何代衰。若真能覓得「三節不亂」的金龍，其地必是大結作。

《青囊序》：「來山起頂須要知，三節四節不須拘。」

《天元五歌・山龍》：「但有特龍來數里，亦許功名鑄鼎鐘。」

開山改道，日日有之，非人力所能控制，若只貪求大地，恐怕窮一生

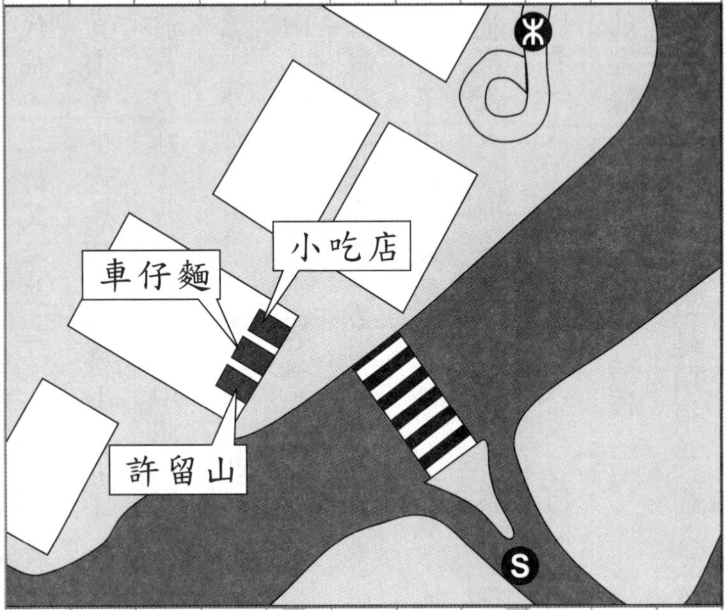

亦不能得。其實只要貼身水口與向首合，已經甚屬難得了。

至於陽宅風水，水路尤為重要。

如圖，此地區的馬路四通八達，可謂亂流如織錦，雖然未必每一個水口均能納取吉氣，但由於水口眾多，人們往來頻繁，只要其中一個水口佳，商舖便可大旺。

水，以先到先得為原

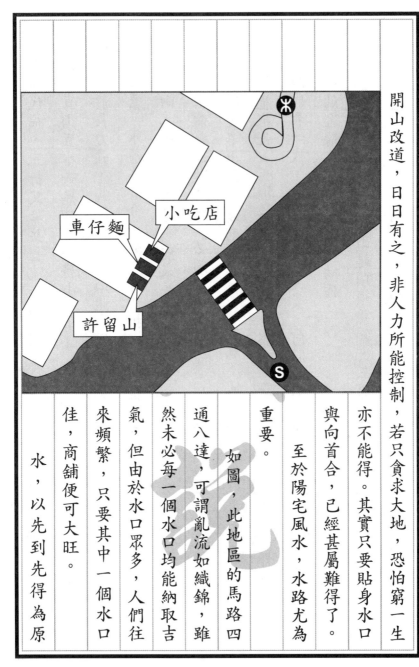

則。因此，三間商鋪的座向雖然相同，但先後有別，以小吃店、車仔麵最為興旺，許留山則稍次，這便是水口影響之故。

水的力量，是由人去帶動，若街道人跡罕至，則水路縱橫也屬徒然。讀者於選擇商鋪時，務必留意。

除此以外，運祚還與「囚」字有莫大的關係。不論陽宅、陰宅，凡入囚即主衰敗。但當明堂有水放光時，則是逢囚不囚，反作悠久論。「有水放光」的真正意思並非指真水，而是不窒塞之意。嘗見坊間術師教人放一盆水在屋中心，指可化解入囚，既不自然，又容易傾倒，只屬貽笑大方的舉動而已。

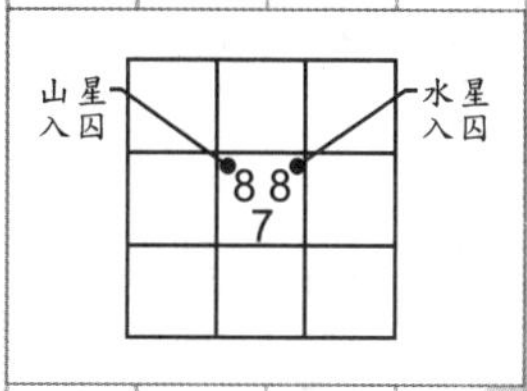

入囚的情況有兩種，分別是山星入囚及水星入囚。

入囚是指入中的山星或水星數字與當元的運數一樣，如八運時，飛星盤的中宮逢八字為山星或水星，即入囚。

根據飛星的軌跡，山水二星與運盤的入中數字永不會相同，也就是說，八運盤決不會於八運入囚，九運盤也不會於九運入囚，其他的元運亦然。換言之，依照坊間流傳的所謂宅寓會隨元運自動轉運盤的說法，是永不會有入囚的情況出現，此理論當然不成立。

於陽宅而言，當水星入囚時，只要門戶能夠納得生旺氣，通道不窒塞，財源尚可穩健。若山星入囚，則可安排用事位於中宮，依然可收得生旺之功。

入囚有一定的破壞力量，若大廈單位遇之，可改換天心。但有時換天心，又會犯上山下水、門戶位置不佳等等毛病。天心一經變換，是不可能返回頭路的，因此，必須把兩個飛星盤分別與實際環境配合，小心較量孰優孰劣，切勿輕舉妄動。

舉凡於一九八四立春至二〇〇四立春之間興建的房屋，或在此二十

年間曾作大裝修，宅運均以七運計算。踏入八運，這些宅寓共有三個組合是犯上入囚的，分別是辰戌、乾巽及巳亥。

辰山戌向犯水星入囚，換天心則成上山下水，必須視實際環境處理。

戌山辰向犯山星入囚，換天心成上山下水。若形勢是前高後低，大門不在震宮，只須作適當擺設，八運比七運為佳，但要留意宅內電器較易損壞及有早出晚歸的現象。若形勢是前低後高，大門又設在震宮，則以保持

巽山乾向
巳山亥向

5 7 6	1 3 2	3 5 4
4 6 5	6 8 7	8 1 9
9 2 1	2 4 3	7 9 8

巽山乾向
巳山亥向

8 1 7	3 5 3	1 3 5
9 2 6	7 9 8	5 7 1
4 6 2	2 4 4	6 8 9

乾山巽向
亥山巳向

7 5 6	3 1 2	5 3 4
6 4 5	8 6 7	1 8 9
2 9 1	4 2 3	9 7 8

乾山巽向
亥山巳向

1 8 7	5 3 3	3 1 5
2 9 6	9 7 8	7 5 1
6 4 2	4 2 4	8 6 9

七運為上，盡量安排用事位於中宮即可。

乾巽與巳亥的組合相同，七運盤分別犯上山星入囚及水星入囚，八運盤變成到山到水之局，兩者比較之下，當然以換天心為佳。

以上只是一個概略，必須視乎實際環境而定。

先後天體用說明

原文：

先天為體，後天為用，今人言之熟矣。而先天之體，絕無人能用之；而後天之用，亦已根本全錯，如今之章派為尤甚，以元運及山向盤，如年、月紫白之從掌上飛佈，與原理已相去霄壤，茲姑不贅。

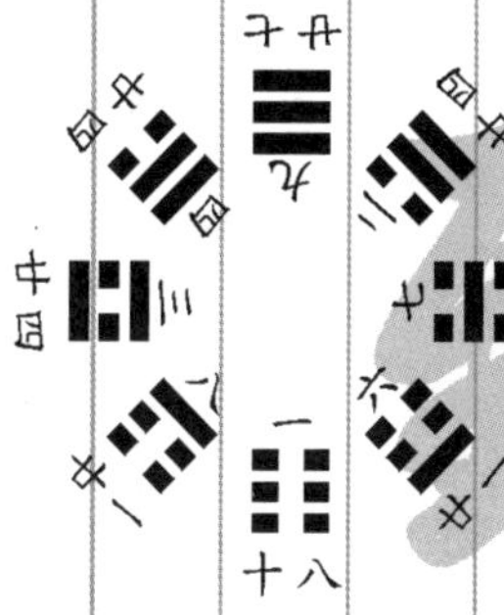

先天在下層，靜而不動為體；後天在上層，動而不息為用。先天卦爻，陽九陰六，上元一、二、三、四運為用卦，坤、巽、離、兌為體卦，坤統三女屬陰一片，共管九十年；下元六、七、八、九運為用卦，艮、坎、震、乾為體卦，乾統三男屬陽一片，共管九十年；上下兩元，合為一百八十年。

體則千古不易，用則循環無端，此玄空理氣之稱體用，非巒頭理氣之稱體用也。世以三元九運論短長者，閱此可以曉然矣。

說明：前清同治三年甲子起一白運，屬上元一片九十年，民國四十三年甲午起六白運，屬下元一片九十年。

致玟說：

「體」、「用」二字，於風水典籍中頗常見，可以從多方面解說。而談養吾以八卦解釋體用為二元八運，與原理相去霄壤，致玟於「後天八卦」一章已說明，此不贅述。

《心眼指要》：「地理之道，形勢為體，理氣為用，故萬物必先有體而後有用，所謂體之而後用行者，是也。且萬物生生之始，未有形，先有氣；未有氣，先有理。如捨體以求用，則用無所施；捨用而求體，體無與廢。」

《青囊序》：「楊公養老看雌雄，天下諸書對不同。」

「體」，是萬物的本質，未經起用，形同廢物，只是陰陽而已。必須用之才可成雌雄，謂之「化始」。

「用」，不出乎五行。人生活在地上，每天與周遭環境互相影響著，已然是用，所謂百姓日用而不知，至於用的得失，則因人而異。

以運祚而言，一地的大形勢是體，甚難移易；河圖五子運及飛星盤則是用，隨著時間的變遷而有不同的興衰。

就巒頭來說，前後左右是先天形勢，為體。在上結穴，便是用。

從理氣視之，飛星盤是先天本質，年、月紫白則是後天的用。猶如斗數盤的命盤，雖有先天格局，還須大運、流年的配合。

物件也有各自的體用，務必要對卦象有瞭解，才不致把五行混亂。

如一罐汽水，罐是由鋁所製成，故金只是體，而汽水的用途是飲用，因此其用是水。至於放置在飾櫃內的珍藏紀念版，五行又有別，雖同樣是汽水，但用途只屬擺設，根本沒有人把它與飲品聯繫起來，其用便是火。

很多以塑膠製成的飾品，外層鍍上閃亮的金屬顏色，雖然原材料是塑膠，但用卻是金。金分乾金和兌金，雅緻的裝飾品屬兌金，健動的金色時鐘是乾金；前者屬陰，後者屬陽。

兌金

乾金

水晶是裝飾品，因此是火，並不如坊間所言紫水晶屬火、綠幽靈屬水之類。若要細分，亦只有美觀與巉巖之別而已，水晶簇被指為具能量的擺

設，但在玄空風水的角度，只是巉巖不美的火。

巉巖離火

精美離火

同樣是水，瀑布和池水的用亦不同，前者下動上不動，因此是兌金；後者只有微波蕩漾，因此是坎水；而瀑布加池水，則成金生水。

兌金

坎水

金生水

八運以八白為旺，即如坊間術師也懂得吩咐客人擺設陶瓷，但很多時

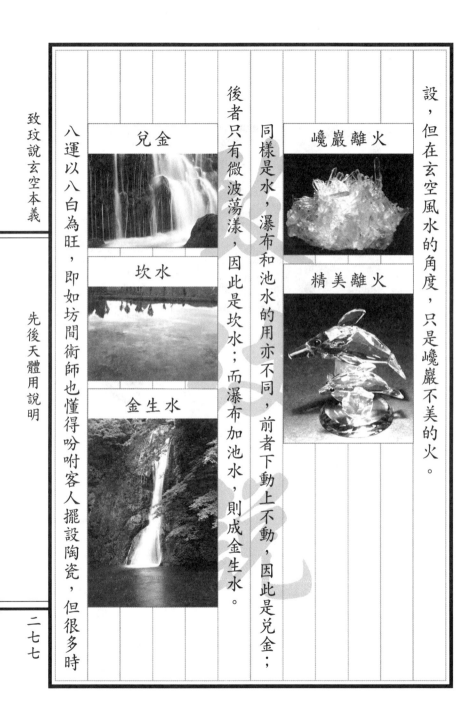

會誤把坤土當艮土。林林總總，不勝枚舉。簡潔精美的光身陶瓷或玉石是艮土，而帶殘舊啞面的石頭只是坤土，兩者相距甚遠。

艮土

坤土

家庭電影院是宅寓常見的擺設，揚聲器最普遍的形狀是長方形，於《易》象中屬震卦。發出的聲音，則要視乎所播放的而定其五行。悠揚悅耳的輕音樂是兌卦，如雷貫耳的敲擊聲卻是震卦。

每一件物件的五行，皆有陰陽及動靜之別。當陰星叢集時，用陽性的物件；相反地，陽剛氣重時，用陰性的擺設，目的是使陰陽得到調和。而動靜可視為有生氣與死物的比較，在運用時，若環境許可，動的五行比靜態的物件為佳，力量也較大。

九星五行陰陽動靜表

飛星	卦	五行	動態	靜態
一白	坎	水	魚缸	黑或藍色物件、字畫
二黑	坤	陰土	貓	布、古舊擺設
三碧	震	陽木	鐵樹、竹、敲擊聲	柱狀物、書櫃
四綠	巽	陰木	大葉植物	通花雕刻
五黃		土	臭味、腐爛物	垃圾、雜物
六白	乾	陽金	金屬鐘、金屬吊鈴	具威嚴的銅像
七赤	兌	陰金	瀑布、輕音樂	金屬飾物、瀑布畫
八白	艮	陽土	狗、生果	陶瓷擺設、瓷器相片
九紫	離	火	鮮花、長明燈、火	紅色掛畫、水晶裝飾

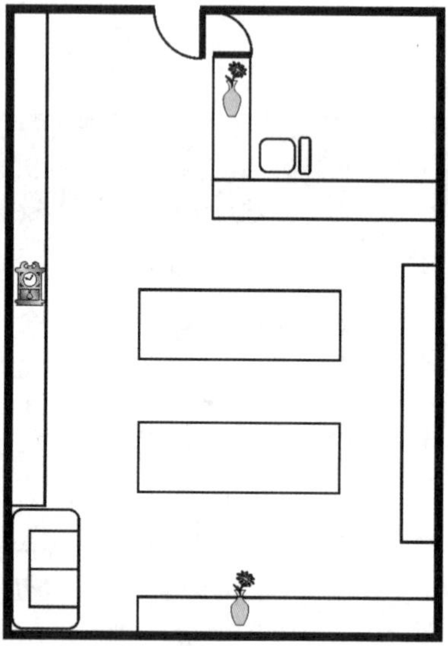

丁

4 1 **6**	8 6 **2**	6 8 **4**
5 9 **5**	3 2 **7**	1 4 **9**
9 5 **1**	7 7 **3**	2 3 **8**

癸

右圖是一間書店，立七運癸山丁向。內裡滿佈書架，震象極濃，且山星於八運時退氣，因此將整間書店鋪上黑色地氈，令未來生氣流遍全鋪。

利用物件的五行，把衰死化為生氣，便是玄空風水的目的。

一般的傢俱店，多以原木或木紋傢俱為賣點，容易形成濃厚的震象。其實只要在適當的地方加上點綴，即可將人注意力轉移，減退三碧之象，變成其他生旺的卦象。

為何？

書架又不一定是木作，改用金屬則為金。金又有乾金兌金之別，咋辦？

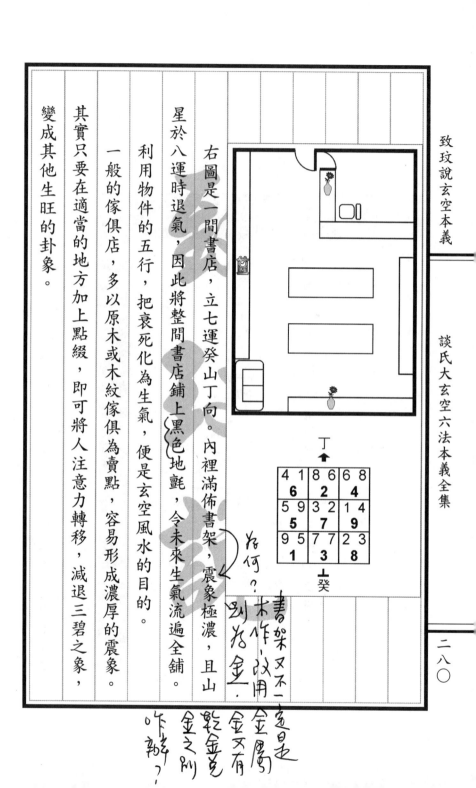

圖中的傢具雖然以木為主，但吸引人注意的卻是中央的玉石裝飾，頓然化作艮土。

體是先天形勢，非一己之力所能改變，但用則在人為。姑勿論先天之體是如何佳美，用得不當，亦致衰敗；相反，體或有缺憾，能善加運用，亦可有轉化之機。因此，用比體更當深究，必須對《易》象有更透徹的了解，才不致誤用。

釋上中下要義

原文：

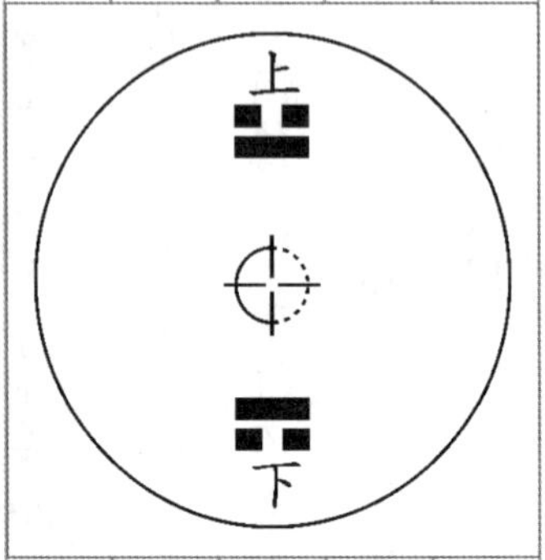

陰屬質，陽屬氣。上字上陰下陽，上質下氣，天在人上，故人所見者皆氣也，可知氣之上必有質，觀夫北極眾星有定所可知矣。下字上陽下陰，上氣下質，地在人下，故人所履者皆土也。人所賴以呼吸者，皆氣也。

中居上下之中，一陽縱貫於兩大之間，一陰含蓄一陽之氣。一陽者，上天下地交感之氣也；一陰者，上下氣感交合之質也。

上為天，下為地，而中為萬物。萬物感天地之氣而成質，天地自相交，而萬物亦各自相交，物與物交，而後化生仍為一物，物與物無感，而天地之氣與萬物，則無時不相感也，所以天地人稱謂「三才」，世之地理有以「三元」命名，於理實不符。

《易》曰：「一陰一陽謂之道。」天地間只有陰陽二氣，所以萬物各有陰陽，曰「三元」者實非，乃三才也。

上為陽下為陰，此兩片也。後天乾坎艮震為陽一片，巽離坤兌為陰一片，太極半陰半陽，皆二元之道。先天坤巽離兌九十年為上元一片，艮坎震乾九十年為下元一片，兩片之說，於義益明。元既兩矣，而運則有八，亦無疑義。

世以九宮分作九運，每宮二十年，二九亦成一百八十年，適值三花甲，故誤稱為「三元」。

要知卦只有八，而中無主體之卦，乃執掌權衡公共之所，無九宮則八卦無施政之所，理勢然也。

致玟說：

《無極真傳》：「天數經九易，氣轉三元，顛倒三八，旋乾轉坤，元空定卦、分星、起星下卦之法，都由北斗運行而使然也。其法，分一二三四五六七八九為三元，至其陰陽順逆顛倒，又隨時而在者也。」

《三字經》：「大元空，妙無窮，排六甲，運九龍。」

《心眼指要》：「理氣云者，是分理三元九運，運行遷謝，盈虛消長之氣也。」

《天元五歌》：「八宅因門坐向空，三元衰旺定其蹤。」

談養吾於自序及編著凡例中認同蔣大鴻的風水學理，而蔣大鴻早在《天元五歌》及其他典籍中已明言三元九運，究竟談氏對蔣氏的著作是否真的有深究過，此點值得商榷。

《易經》由符號發展至文字，概念簡單，但變化無窮，是《易經》最珍貴之處，同時亦令一知半解的後人加以堆砌出種種的理論來。玄空風水的學理源於《易》，但兩者卻不可以畫上等號。如子女由父母所生，但子女並不等於他們的父母，只是有父母的遺傳因子而已。

若以爭論來證明三元九運及二元八運孰是孰非，只會沒完沒了，對玄空風水亦沒有建設性的幫助，況且，任你把理論說得天花亂墜又如何？徵驗才是最實際，倒不如以實例証明。

此宅原是六運樓，於二〇〇三年二月，因魚缸破舊漏水而更換，由於尺寸問題，必須把位置稍為調動，豈料竟成禍端。首先是魚缸，不出幾日，整缸水竟長滿青苔，即使不斷清洗亦無效，是宅主十幾二十年所未曾遇過的；接著是門鈴壞掉；然後是燈管有問題，且呈焦黑，稍一不慎即會發生火災；最後，宅中老父竟患上末期癌症，醫生預計尚餘三個月壽命。短短三數個月，禍事接踵而來，令一屋愁雲慘霧。

原局

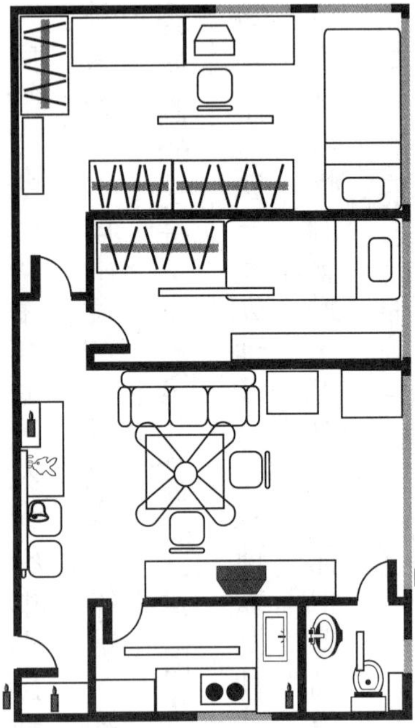

更換魚缸後

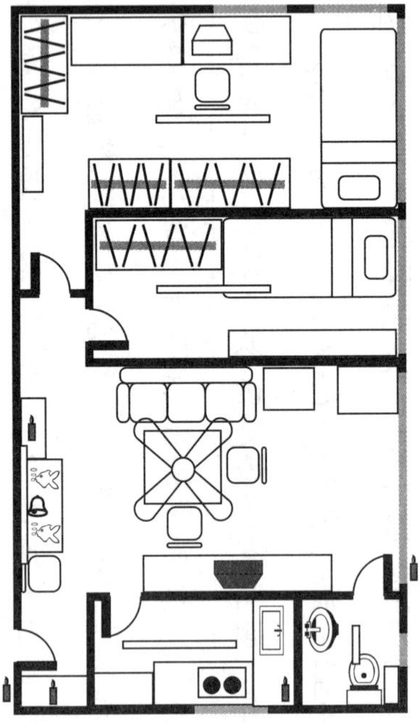

神樓
門鈴
燈管

六運
坤山艮向

坤

4 1 5	8 5 1	6 3 3
5 2 4	3 9 6	1 7 8
9 6 9	7 4 2	2 8 7

艮

七運
坤山艮向

坤

3 2 6	8 6 2	1 4 4
2 3 5	4 1 7	6 8 9
7 7 1	9 5 3	5 9 8

艮

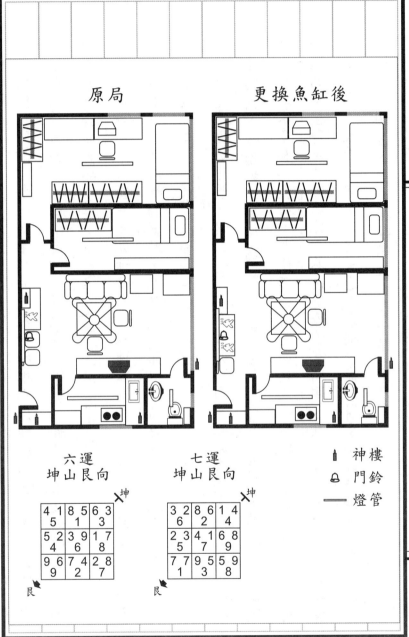

宅主在一九七七年遷入，立坤山艮向，若依二元八運計算，時為七運，肇事於八運。依三元九運計算，則屬六運樓，肇事於七運。

老父睡在中間的房間，門開在艮宮，床頭位於坤宮。

以三元九運視之，在踏入一九八四年以後，收入有減退跡象，大門火剋金極重，老父床頭為金剋木，主肺部有問題、工作辛勞但與收入不成正比，同時有轉變營運方式的性質。廚房爐灶位置及神樓生旺二黑病符，主宅內人丁健康有損。

移動魚缸後，即由巽宮移至震宮，坐二五交加之位。五黃不宜動，但游魚豈有停頓之理？遂令五黃肆虐，首當其衝的便是宅中的老父，其次為床頭居乾宮的女兒。

若依二元八運斷事，老父的收入雖然減少，但水路重重生入，且睡在未來生氣的一白，主多用腦力而已，但健康無大礙。反而女兒會得重病。

事實上自一九八四年開始，老父的生意慢慢減退，中後期搬了商鋪位置，營業額更形下降，售賣的產品亦有所轉變，而主要的收入來源方式也有所變更。移動魚缸後，被診斷為末期肺癌，估計剩餘三個月壽命。

於是，致玟便替宅主改換天心，由於金錢有限，宅主也不想大費周章，於是只把全宅最需要更換的電線、開關、燈管全部更換，再將廳中的大吊扇移除，其餘一律不作改動。

改換天心後

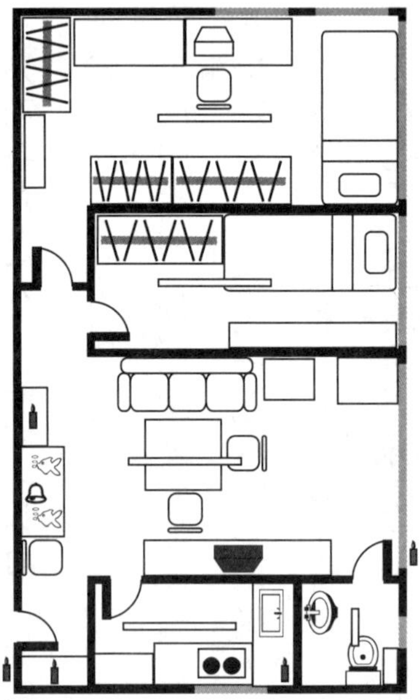

七運
坤山艮向

(坤)

3 2 6	8 6 2	1 4 4
2 3 5	4 1 7	6 8 9
7 7 1	9 5 3	5 9 8

(艮)

八運
坤山艮向

(坤)

4 1 7	9 6 3	2 8 5
3 9 6	5 2 8	7 4 1
8 5 2	1 7 4	6 3 9

(艮)

完成後，但覺一屋有明亮之感，這便是宅氣。魚缸經大洗後，如今清澈非常，青苔不復見。宅主亦已接受化療及電療，期間雖然覺得辛苦，但與其他病人相比較，副作用已算很輕微了，起碼頭髮只脫落很少。當親戚朋友探望事主時，均覺得他的精神甚佳，神情比沒有病時更開朗呢！可惜放射治療師一早明言，有些位置不能作電療，即癌細胞一直會存在。

致玟同時吩咐宅主，必須把廚房的神樓移至坤宮，將爐灶放在坎宮，女兒則務必把床頭倒轉，大門放上瓷畫。否則，全家的健康必有損，尤以女兒為重。

遺憾地，吩咐的四件事情中，宅主只把廚房的神樓易位，其餘一律沒有做！

以三元九運來看，此宅由六運變七運，大門的兌金被火剋，主少女有急災，且爐灶與女兒床頭同在五黃之位，日夜被爐火燒旺，主女兒會有昏智的問題，事情會急且劇。老父的收入應會增加，有憂心的情況，健康不算佳，但情況不致太嚴重。

若以二元八運計算，天心變成八運，成上山下水之局，與形勢的前低後高不符，未能做成倒騎龍。門戶全設在五黃位置，主全家破敗。爐火剋乾金，主老父肺病嚴重，癌細胞有擴散至腦部跡象。

事實是老父的癌細胞雖然未能消滅，但情況穩定，每天如常工作，即使期間「沙士」（SARS）肆虐，亦未被傳染。同時，申請了醫療津貼，治療費用由子女付出，即老父增加了收入。

二〇〇三年七月，有一天大廈門外施挖掘工程，平素健康的女兒突然暈倒昏迷，送往醫院後發現腦部有出血情況，原因不明，施手術後一直處於昏迷狀態，一個星期後終告迴天乏術。

女兒雖然沒有做事，但平日有儲蓄的習慣，又買了人壽保險。在事發後，合計其積蓄及賠償金額，數目也不少。

二〇〇四年中，宅主決定大裝修，把全屋牆壁粉刷一新，將窗戶換上鋁窗，改換大門。這下可把致玟嚇呆了，若再換天心，便會變成上山下水的丁財兩敗之局。無奈過於殘舊，門的開關位置有問題，不得不換。既然勢在必行，索性一不做二不休，再來過換天心加改座向吧！

將大門稍稍扭斜，座向便由原來的坤山艮向變成未山丑向，為到山到

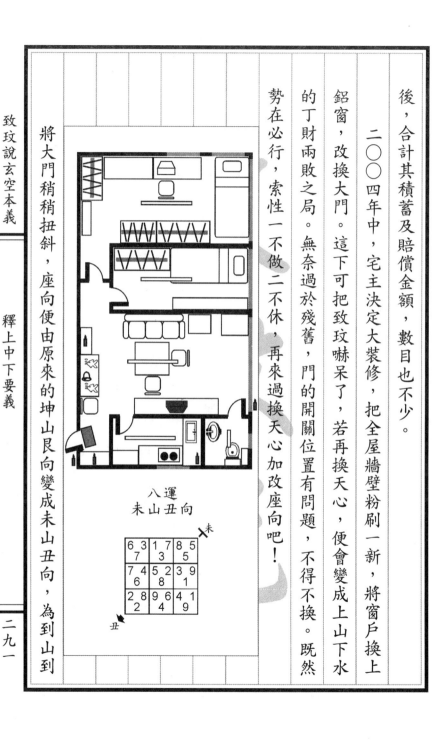

水之局，人丁穩定，惟中宮不可堆積雜物及做用事位而已。

全宅位於中宮的用事位，只有尾房的電腦位及廳中飯桌右面的座位，兩者甚少用，只要一家收拾得井井有條，當可穩健。

二〇〇四年年尾，兒子偕同妻女返港，探望宅主。老父決意把房間讓出，自己則睡在廳中的沙發上，頭向窗戶，殊不知正好睡在五黃的位置。約一個月左右，病情猝告惡化，遷進醫院去了。

二〇〇五年農曆新年過後，安詳辭世。

另一個例子，發生在國宅單位，每戶的格局相同，形制屬前高後低，多屬六運午山子向，為雙星到山之局。

踏入七運，即有多戶人家患上肺癌，且多是宅中老父，這全因山星退氣之故。至於沒有出事的單位，多是把座山的窗戶封上，或經過大裝修，又或座向不同。

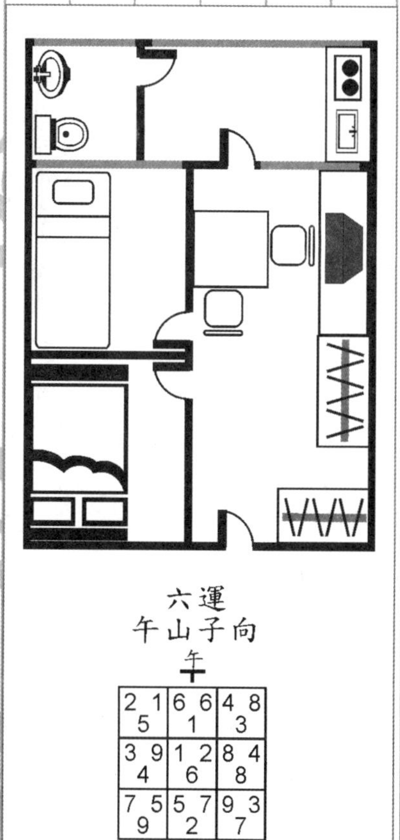

上述兩個實例，第一間於短短兩年間，天心一改再改，由六運轉七運，再由七運變八運，座向也因大門而改易。第二間則沒有轉換天心。當中發生在兩宅的事情，莫不與飛星卦象吻合，足可證明三個玄空風水理論的真確性：

一、三元九運之說

二、換天心

三、座向由大門而定

坊間術師的二元八運論、宅運隨時而易、以窗戶定向等等理論，就上述的例子，其說之謬誤，可謂不攻自破。

風水學派眾多，致玟並不針對某一派，只相信實際徵驗，只要是行得通的，便是真風水。不管理論學說是否秘本，也不管說者是何身份地位，任他口才如何了得，雄辯如何滔滔，行不通的便是行不通，多聽也無益，更加沒有必要浪費時間與之爭辯。

釋三大卦原理

原文：

玄空三大卦，為理氣之槖鑰，一稱「三般卦」。

卦本有八，合而為四，何以云「三」？

三者，孟仲季一索，再索，三索也。

父母老而退休，故稱三。

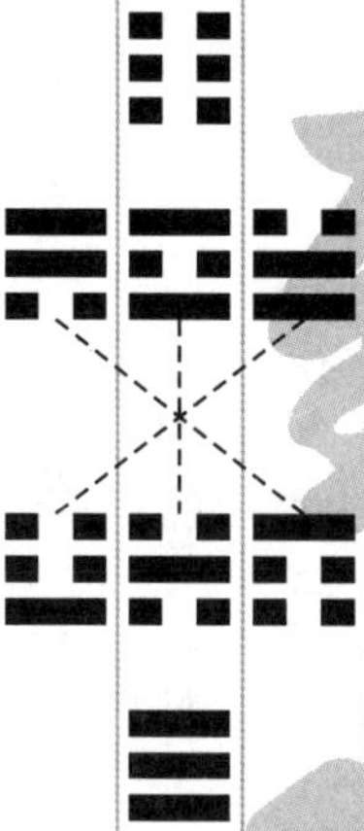

以數言之，一為水火仲卦，四為風雷孟卦，七為澤山季卦，故一四七為玄空三大卦，世以二五八、三六九混稱之者，未明爻象卦理也。

致玟說：

《天玉經》：「江東一卦從來吉，八神四個一；江西一卦排龍位，八神四個二；南北八神共一卦，端的應無差。」

又云：「二十四龍管三卦，莫與時師話。」

又云：「識得父母三般卦，便是真神路，北斗七星去打劫，離宮要相合。」

玄空風水是一套概念簡單，但求變化靈活的學問，與紫微斗數比較，後者易學難精，前者看似難明，實質是一理通，百理明。很多人耗費多年亦不明玄空之所以言，究其原委，是把問題簡單複雜化，繼而鑽入牛角尖中，愈學愈糊塗，談養吾即犯上此毛病。

玄空大卦，可分三方面而論。

第一，是地元卦、天元卦和人元卦，每卦各有陰陽，不論是龍向水之相配、挨山挨水，均以相見的陰陽為入用之基礎，亦即不出卦。

陰陽是玄空風水的基本概念，以相配為原則。純陰或純陽，皆犯偏枯之弊。

以城門為例，必在向首兩旁，彼此所屬的元龍相同，但陰陽有別，如八運子山午向，向首為天元龍，屬陰，城門則是巽，為天元龍，屬陽。

水路以重重生入為上，以金生水，水生木為例，六一三與七一四的組合便有所分別。前者純陽，剛霸之氣過重，主人脾氣剛烈，縱然生旺，亦如獨裁者般專權；後者純陰，容易疑神疑鬼，處事手法過於優柔寡斷，手段欠缺光明磊落。

山水二星的組合犯上偏枯，克應與水路相若。要化解偏枯的性質，宜放置陰陽不同的物件。如一六為門，可鋪上藍色的地氈，把陽性的水變為陰性，使陰陽得以調和。

第二，是將九宮配三元，一元分得三卦，即七運用七八九，八運用八九一，又稱「三般卦」，無非要與時合。

話雖如此，一個元運當中，可達致生旺的星又豈只三顆。萬物皆備五行，金、木、水、火、土有相生及相剋的特性，視乎如何運用而已。

八運中，以八、九、一為生旺氣，遇上三四或四三的組合時，可放置美觀的紅色裝飾品，雙木頓化作離火。

二黑在八運屬退氣，但彼此皆是土，可借氣為用。在二黑的位置擺設簡潔光身的陶瓷，坤土即轉為艮土。同理，即使旺星八白泊臨，但該處雜物囤積，艮土亦會變作坤土，甚至五黃穢土。

第三，是指「父母三般卦」，即經四位起父母的一四七、二五八及三六九。此法用於七星打劫之局，必須於向首得雙星的組合，才可稱為真打劫。由於是雙星的關係，元運一過，便很容易破敗，宜小心處理。

七星打劫一向被神化，與其名稱不無關係。

八運的打劫局有三個，分別是子山午向、癸山丁向及庚山甲向。

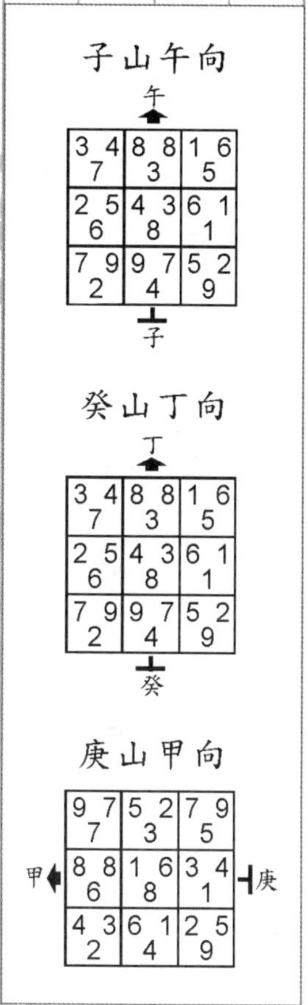

要在「離、乾、震」三個宮位方別放上相同的物件，造成同氣的效果。但五黃的破壞力十分大，稍一混亂即化作五黃，奉勸讀者還是不試為妙。

釋孟仲季次序

原文：

左長、右幼、中仲，為我國倫序上通俗之理。地理上之分別，《寶照》辨之詳矣。

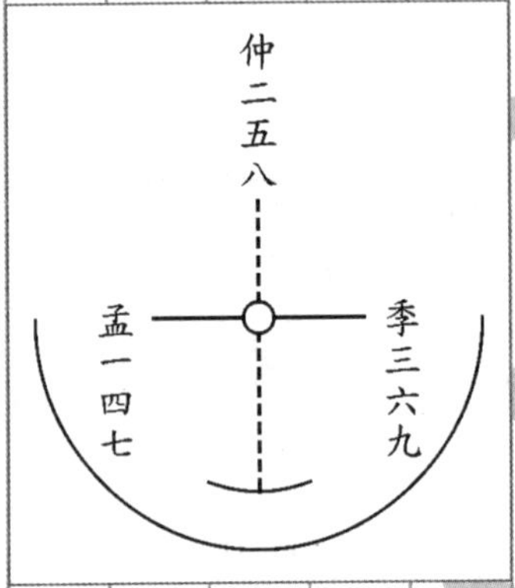

數始於一而終於九，於數理上之倫次，亦為當然之理。如以孟仲季三行列之，則一四七屬孟，二五八屬仲，三六九屬季，可謂有條不紊。用之於形勢上，分辨孟仲季之輕重得失，確合至理，此為數學上九數之倫次，非洛書九數八卦卦理之倫序也。

世俗不察，竟見以為一四七、二五八、三六九，即玄空理氣之三般卦者，以誤傳訛，不可究詰，蓋哲理之難於識別，此亦其一例，非精參卦理者，其孰能知之，諸如此類，莫怪古人之嘆百二十家也。

致玟說：

《都天寶照經》：「尋龍過氣尋三節，父母宗枝要分別。孟山須要孟山連，仲山須要仲山接。」

又云：「孟仲季山無雜亂，數產人能上九重。」

所言無非一卦純清。

至於一四七、二五八及三六九的父母三般卦，其作用在七星打劫法上，只要合乎法則，三者可謂全無分別。

嘗見一些所謂風水大師，學識本已不多，更不求甚解，祇知道有七星打劫之法，卻不懂得其所以然，竟可替宅主佈出打劫陣法，其做法乃在牆壁上貼七粒圓形玉石，玉上各有一紅色圓石，將其排成北斗七星的形狀，便云「七星打劫」，實在貽笑大方。

打劫局甚難佈置，於八運更是難上加難，倒不如乘旺開門。門是一宅納氣的緊關，覓得幾門乘旺之所，足可安享一生，且向被視為玄空秘密的丁、財、貴、壽，也完全與打劫法無關，趨鶩打劫法，自尋煩惱而已。

坊間又流傳放生改運之法，致玟對此不願置評。若存著改運之心去做善事，立心已然不純，當然比連做也不做的人好一點點。行善、幫助有需要的人，不一定與金錢掛勾，乘搭公共車輛時，見孕婦或老人家讓坐，已經是善事的一種。幫助有需要的人，自己心裡覺得喜樂，反過來說，是他們幫助了自己。

結論

原文：

啟蒙各節，已如上述，然其瑣屑用法，不外干支、八卦、紫白、五行等等，或有連帶應用之處，別冊所具，茲可不贅。

巒頭統而言之曰「龍、穴、砂、水」，理氣則曰「生、旺、衰、死」，山地則曰「窩、鉗、乳、突」，平洋則曰「交、鎖、織、結」。陽宅有鄉居、城市之不同，鄉間多白氣水道，城市多黃氣道路，至其外陽兜收，則勢必在於水流之聚蓄，與黃氣不涉也。作用大關鍵，山水形勢，重在合情，理氣重在合時，二者與人之衣服飲食，可無二致，用隨氣轉，體與序分。

語云：「十年風水輪流轉。」十者，約而言之之數也。其發祥之徵兆，全以山水形局大小為斷，山地重山，平洋重水，陰陽一理。

茲姑以上海一埠言之，自楚春申疏濬黃浦環築海塘以還，太湖水流，點滴不漏，分流合併浦江，而入於海，北合運河、瀏河等，與長江會合於淞口，此滬埠水流之大概情形也。

再論地脈，遠自天目，近自杭嘉松，至佘山落平，經滬西而止於黃浦之濱，此氣脈之大概情形也。以西南為來脈，以浦東為蓋砂，運河北岸之地為龍砂，洋涇南岸之地為虎砂，其中心生氣會萃之所，即成熱鬧之大市場，此結作之大概情形也。

滬市地濱東海，位當下游，應以東方為上水有力之所，非內地城市以西方為來水有力之所可比。自水蒸氣發明，輪渡交通便利以來，商業日漸繁盛，市民日漸增多，迄乎今茲，為時百餘年，已成為東亞大市場。雖云人事之所繫，實則不外乎水流地脈之大會合有以致之，地理之明證，此為其最著者也。

古云：「地靈人傑」，不其然乎。研究地學者，能從形跡上著眼，理氣中探索，自可豁然知其所以矣。追而至於我國歷古建都之所，察其形局氣運，國祚隆替，更可知地理之所繫，重且大矣，非一坵一宅之小焉者也。惟或理不敵數，人力之所能，天律之有所不能，未可知也。聊誌之以察其古往今來之事實云耳。

致玟說：

談氏自稱拜學於章仲山一脈，後察覺章氏之非，遂遍尋名師，始學得玄空之正法。觀其行文，談氏故非不學無術；察其義理，卻又似是而非，最容易令人錯信。

致玟於學習風水的過程中，眼見同學、同好中能真正明白者少，誤入岐途者眾，實在有不勝惋惜之嘆。風水之學，絕不可單靠書本、課堂，必須經過實踐始能通達。否則，只會愈讀愈亂，以致對錯交雜，難以自拔，談氏便是一例。茲姑以上海一埠言之。

上海全圖

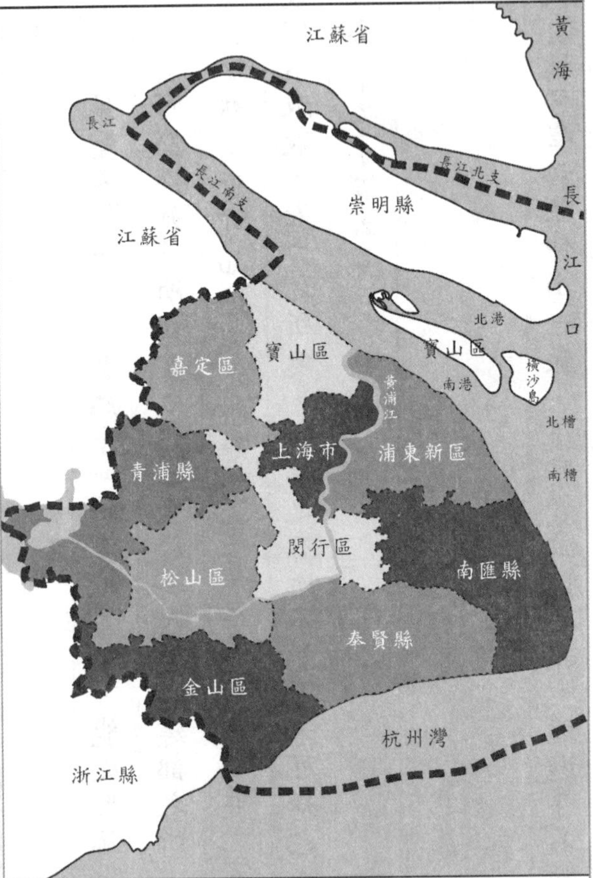

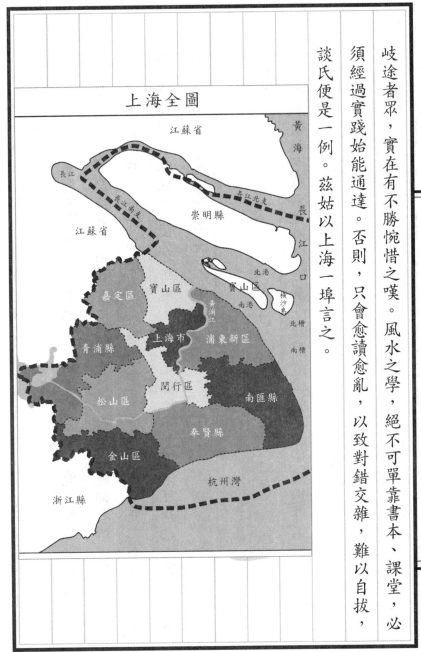

中國地形圖

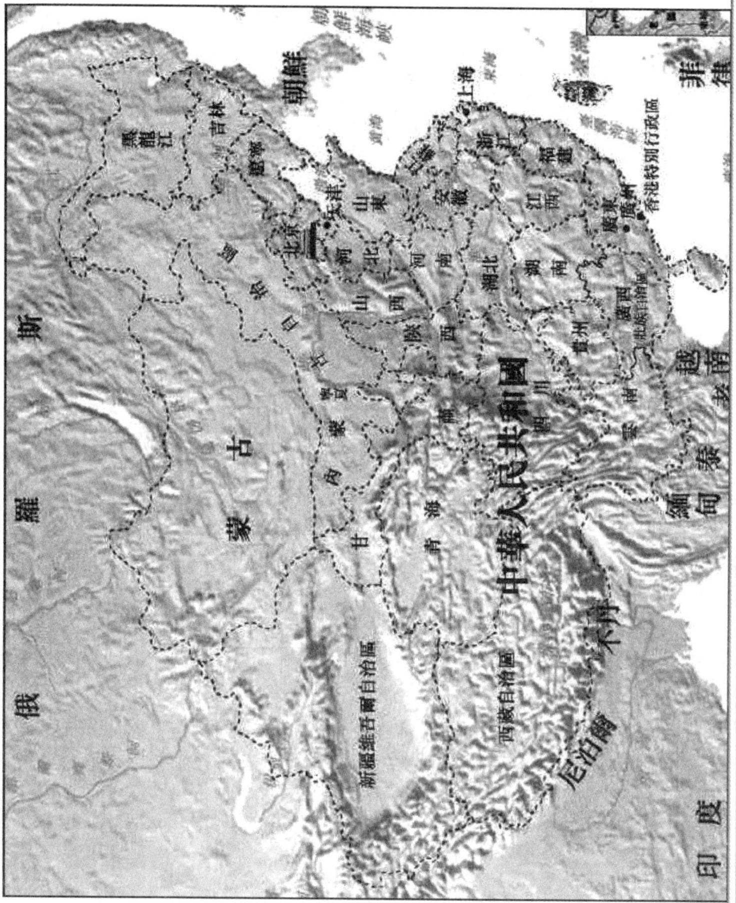
俄
羅
斯
蒙
古
內
蒙
古
自
治
區
黑龍江
吉林
遼寧
朝鮮
北京
天津
河
北
山
西
山東
江蘇
上海
安徽
浙江
福建
河
南
陝
西
湖北
湖南
江西
廣東
廣州
香港特別行政區
廣西壯族自治區
貴州
雲
南
四
川
甘
青
海
中華人民共和國
新疆維吾爾自治區
西藏自治區
不丹
尼泊爾
印
度
緬
甸
泰
越
南
菲
律

上海位於中國的東方，來水由東北吳淞口進潮，凡四十里。又有一支幹流，為蘇州河迂迴曲折自西而西北，迤邐至北方白渡橋下，恰好在黃浦江合襟而成三叉水口。這處便是上海市來龍的依據。

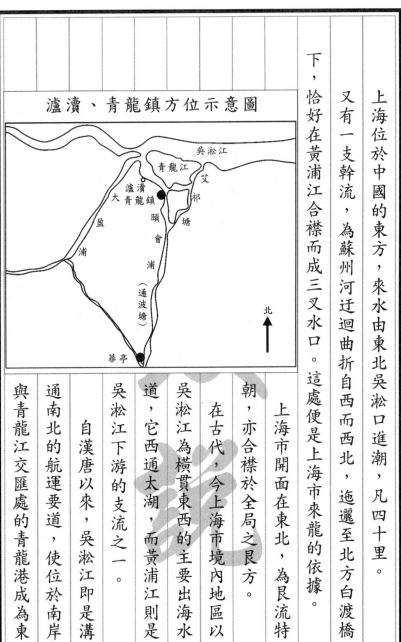

瀘瀆、青龍鎮方位示意圖

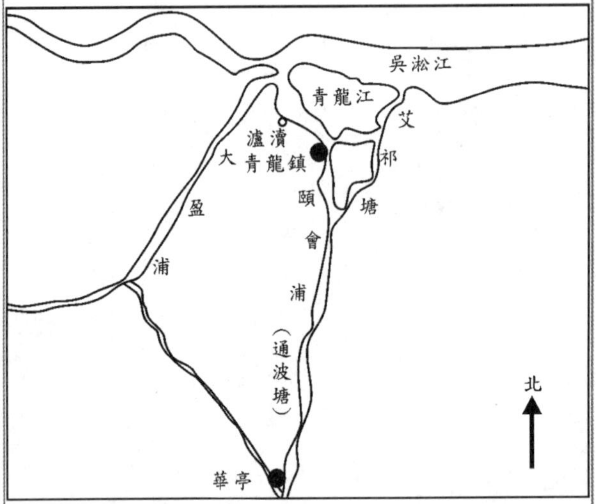

上海市開面在東北，為艮流特朝，亦合襟於全局之艮方。

在古代，今上海市境內地區以吳淞江為橫貫東西的主要出海水道，它西通太湖，而黃浦江則是吳淞江下游的支流之一。

自漢唐以來，吳淞江即是溝通南北的航運要道，使位於南岸與青龍江交匯處的青龍港成為東南沿海地區的商埠之一。

至明朝永樂元年（公元一四〇三年），因吳淞江下淤塞成陸地，才開通范家濱，南接黃浦，北會吳淞江，改以黃浦江為出海要道。

黃浦江新航道的開闢，打通了上海縣城通往海洋的長廊。期間朝廷一度罷海運改漕運，使黃浦江的海運被關閉近四百年之久。當時上海港口的地位不高，北不如瀏河鎮，南不及寧波港。

直至清乾嘉年間，由於瀏河口淤塞，遂改漕運為海運。自此以後，上海港才承擔起南北沿海中樞港口的角色。足可見黃浦江的改道，是上海興起的契機。

有關上海的記載，顧炳權《關於上海風俗的研究》：「舊志稱今上海地區為『古吳之裔壤。然負海枕江，山環水拱，自成一都會。』又稱：『上海故為鎮時，風帆浪拍之上下，島夷交廣之塗所由出，為征商計吏，鼎甲華腴之區。』上海風俗，正養成於如此優越的自然環境和社會環境之中。

蓋清明古代的上海為秫穀之鄉，饒漁鹽木棉之利。海邊捕魚，得魚裝船，藏之於冰，販至上海，謂『販鮮』。江浦之間，取魚之術與海邊有所不同，還有畜養某些淡水魚的習慣。鹽業始於漢代，今嘉定縣境之鹽鐵塘，相傳為吳王濞運鹽溝洫。唐代起，今上海沿海設有鹽場，農民最勤亦最苦，長年辨色即起，枵腹入田『做卯時』。全家男婦體塗足，日落始歸。黃昏後，男子踏車或編蒲包。農作物有水稻、棉花等。婦女餉外，耘車灌，率與男子共事。瀕海婦女不纏足，故能蒔秧拔草、踏車、挑鹽，得以自食其力。肇自元代，上海有紡織之利，婦女專供紡織。一般農家，田裏所獲輸息償租外，未到年底，其室已空，故衣食全賴女紅。

鄉村貿易，以黎明或清晨為市。早市早回，既充一日之用，不費一日之功。唯布莊非隨處有，市布往往遠至幾十里，故以日中為市。木棉及各種農產品如農具、漁具、傢俱、竹器、蒲鞋等，各有集市。早在鴉片戰爭之前，上海港內，閩廣遼沈之貨、鱗萃羽集，遠及西洋。暹邏之舟，歲亦間至。地大物博，號稱煩劇。成為江海之通津，東南之都會。總之古代的上海，鄉民『終歲』力田，家有蓋藏，工不越鄉，商不越蘇、常、嘉等郡。

上海地區有發達的文化。顧清《松江府志》謂：『自東都以後，陸氏居之，康、績以行誼著，遜、抗以功業顯。而機、雲之詞學，國人化之。梁有顧希馮、唐有陸敬輿，至宋而科名鼎甲盛，故其俗文。』明弘治郭經所修《上海縣誌》謂『士人帖括外，兼嫻風雅，凡辭賦之業，童而攻之，即六書、八法，莫不家習而究其奧。今海內談詩家，卒推雲間派，而論書畫，亦以雲間為宗』。生當明季，被後人推為『徐上海』的徐光啟，與義大利人利瑪竇合作從事西方科學技術的輸入，開創了我國崇尚科學的風氣，成為最早溝通中西文化的偉人。古代上海，民秀而文，士奮于學，名士輩出，為『東南之名區。』

上海開埠後，繁華的十里洋場，聚萬方之形形色色，開古今未有之奇局。」

古時的上海人，勤奮工作，即使女子也不纏足，整個市區皆是勞動人口，未許允稱富縣。後得航運的興起，成為外國人經商的集散地，上海才逐漸繁榮起來。

從歷史上來看，上海的地勢沒有大的改變。惟其經濟的盛衰起落，在明清期間卻起了重大的變化，實與黃浦江此三叉水口的活動息息相關。

談養吾認為上海是「中心生氣會萃之所」，故地靈人傑，發達是必然之事。但在明代關閉黃浦江的海運四百年間，足三元或「二元」之久，其經濟地位遠不及其他商港，直至解封，經濟才有發越的起飛。此證明談氏未足以言地運。

踏入八運，飛星得上山下水之局，上海將會有翻天覆地的變化。市內會有非常大型的規劃建設，市面出現頹垣敗瓦與華麗建築的強烈對比，至二〇〇九年底，整個上海將會煥然一新。大量外資流入，引入新的業務性質，惟貧富懸殊的現象頗嚴重。

上海的原居民會逐漸遷出，留守的是收入較低的。外商則移進上海，成為有權有勢之士。簡而言之，是有利外人，對本土的原居民而言，只屬表面風光而已。

在八運中，浦東及浦西將成為繁盛的旅遊熱點，一片歌舞昇平的氣氛，但掩不住空虛不實之態。

房價急升，惟取地手法帶不純正。房市的興旺，帶動炒賣的風氣，股票市場活躍，投機之風熾熱。然而，一切只屬泡沫虛象，背後並無穩健的實業作支撐，時有反覆不定之勢。奉勸有興趣參與炒賣的讀者見好即收，切忌被利益沖昏頭腦，否則，成敗俱在一夜之間。

在此整整二十年間，上海在不斷學習新思維。至九運，將跨越眾多城市，成為各國爭相效尤之地。

至於健康方面，陸續出現排毒系統的慢性疾病，如腎病、肝病等，應小心注意日常的飲食，尤其是食水。

以上是致玟對上海地運於八運的預測。

談養吾在文中不斷強調地運的重要，認為一宅一寓只是小地方，字裡行間，流露出不屑之情。

須知道凡事該由小處著眼，小事情也辨不好，怎樣處理大事情？猶如興建樓宇，縱然設計美侖美奐，但建築用料這些小事情不兼顧，則外觀是好，一場暴風雨降臨，各式各樣的小問題隨之而來，不單影響外觀，甚至會破壞樓宇結構。

風水亦復如是，地運只是一個地區的大勢發展，要令人民真正的富裕，還須從陽宅風水上著眼。這好比一所師資、設備優良的學校，客觀條件是優勝的，但不論資質的濫收學生，結果只會成資質好的成績好，資質差的跟不上，造成成績參差的現象。

以舊上海為例，十里洋場，繁榮興盛是無可厚非的。但仔細翻查歷史，便知道富貴的大多是外商，雖然崛起的華人有葉澄衷、楊斯盛、黃金榮、杜月笙、張嘯林等等，但與洋人相比，數目固有不及，而一般的上海市民，也多處於社會的低下階層，洋人有反客為主之勢。

要令國家富強，必須由低處做起。古語有云：「齊家，治國，平天下。」先要弄好陽宅風水，才能有心思、精力去兼顧其他事情。

地運之說，於這一、二十年頗流行，很多人看見一些大師紛紛移民往某處，以為該地的地運佳，其實是被誤導了。很多時只是該地較容易移民罷了。與其盲目追隨，倒不如多花些心思在陽宅上還要實際些。

不論是關乎一地吉凶的大玄空，還是細說一宅的小玄空，莫不與《易》象有所連繫，即所謂「憑星斷事」。此名詞近十年甚為流行，其實早於七十年代已有術家在報章上提過，不過沒有引起大迴響。

憑星斷事絕非新鮮的題目，乃玄空風水一直沿用的學理體系，沒啥值得稀奇，說穿了，不外是把《易》象與飛星數字結合，從而推斷出家居對宅內人的克應而已。

總註

原文：

玄空應用各要圖列

形氣可通圖

形氣相交圖一

形氣相交圖二

形氣相交圖三

形氣交泰圖一

形氣交泰圖二

形氣交泰圖三

形氣交泰圖四

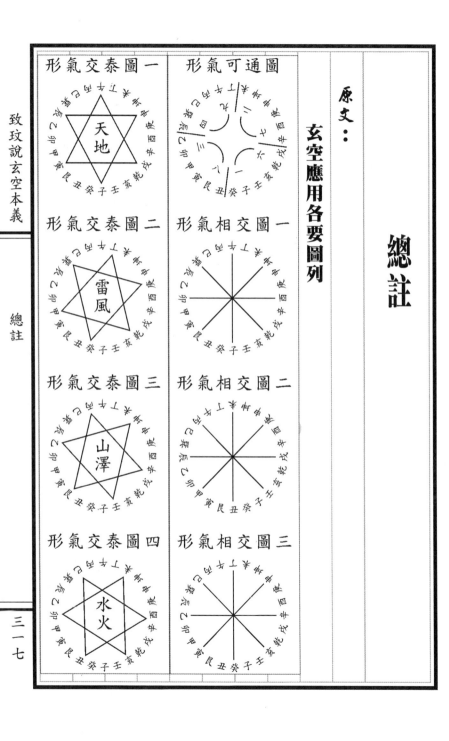

上元水法圖

下元水法圖

上下元水法圖

二氣相感圖一

二氣相感圖二

雌雄相見圖一

雌雄相見圖二

零正合十圖一

零正合十圖二

合五合十圖

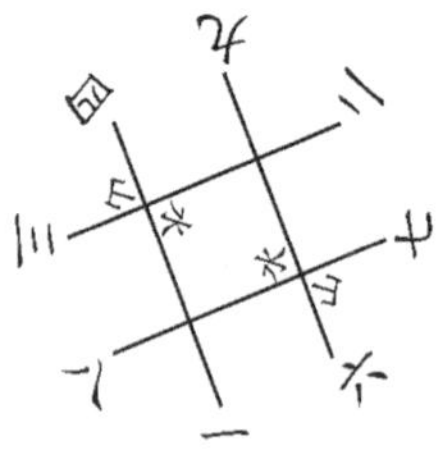

四方四氣圖

四方四界圖

紫白九星圖

十二年主氣圖

十二月主氣圖

五行相乘圖

總上二十四圖，為玄空大法中應用最密切之用法。初視之似屬通常，細察之實具奧旨，務與《辨正》全經各要典互相參合，方見回味。或則用於形勢，或則關於理氣，或則關於無形相感，或則關於有形相見，以及動靜、交媾、雌雄配合等等，總之不外與《河》、《洛》、先後天處處有密

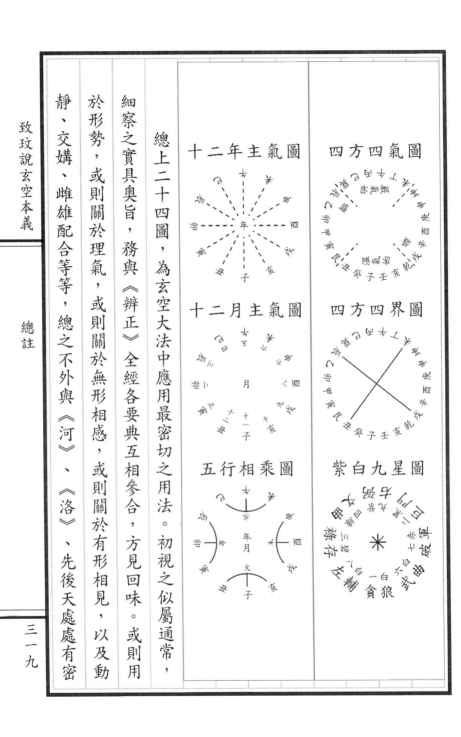

切要義也。閱者分別細玩之，方知各有用法存乎其間矣，茲姑略而附之，以供世之意志相近喜於研究者。

致玟說：

此二十四圖，是談養吾學習「玄空大法」的心得，但圖像有其優缺點，優點是擴闊讀者的思維，缺點是容易令人誤解，尤其是談氏只附圖而不加說明，更容易令沒有《易》學根基的人混淆。

要研究玄空風水的學理，只要摸清「太極圖」、「河圖」、「洛書」、「先後天八卦圖」便已經足夠，圖不多，但內裡蘊含的深意極大，望讀者識之。

後記

術數玄之又玄，向來被定性為迷信，再加上江湖術士橫陳，倍添怪力亂神的味道，最令有宗教信仰之士誤解。

宇宙萬物不解之謎甚多，豈能以渺小的人類去一一參透，沒有人可以確切肯定發明術數的人是誰，但這些方程式，卻是幫助人類去選擇較理想道路的指引。

以紫微斗數為例，命盤指出人生的大致軌跡，然而，卻不是一定的宿命。人生路途上充滿岔口，每一步皆影響日後的遭遇。即如上帝創造人類，預先已知道每一個人的經歷將會如何，但仍賦予人類自由意志，讓世人去選擇適當的道路。斗數盤的意義便是指示出不同的方向，怎樣去做則是個人的抉擇。

至於真正的玄空風水，則與鬼神無涉。眾所周知，環境能夠影響人的心情、健康，情緒低落及百病叢生的人必無法妥善處理周遭的事物，自然覺得運勢差勁。風水是透過陰陽五行的設計，令環境變得舒適平和，從而使人心情開朗、身體健康，既有魄力，便有能力應付日常的繁瑣事務。當然，能否達到理想指標，仍需要靠個人的努力。

致玟回顧學習術數的時日，幾十個同學中能夠學成的甚少，有很多更是學習多年亦無所得，一度被懷疑得到私下的教授，事實當然不是。

每一門學問，老師所擔當的角色只是啟蒙，當明白了最基本的原則後，便需要靠自己的努力，不斷主動地鑽研其他書籍和實踐，才會知道自己的所學。若懷著玩票的心態去學習，則窮一生也不明所以然。

實踐愈多，自己得到的愈大，從中更會發掘出一些連老師也不曉得的事情。就致玟當年所認識的同學中，有三數個於某些範疇上是青出於藍的，其中有些是安星，有些是斷事，有些是《易》占，有些是佈局……雖然為數甚少，但總算沒有浪費時間。

所有的術數皆是講求靈活變通的，尤以《易》占與玄空風水為要。因此，是書盡量用淺顯易明的文字，輔以平面圖，來解釋看似玄妙的學理。當中的案例，均經過至少一年的追蹤，望讀者能夠從中得到啟發。

《致玟說玄空本義》承蒙稜淩先生、黃俞橋先生及黃富強先生作校對，致玟在此致謝。

乙酉初春　李致玟書於淘書館

堪輿風水系列

△風水易闡秘／于東輝
盡揭易經中的風水天機，再現千古絕學
平裝／25開／224頁／220元

△天下第一地理書／馮巖筑
增廣沈氏玄空學白話本
平裝／25開／536頁／450元

△巒頭風水大破譯／張建民
台灣地圖尋龍記・認龍識砂從頭起
平裝／25開／384頁／350元

△靈山秀水採氣秘笈／韓雨墨
以圖、像、文並陳作者長年踏勘之明山秀水
平裝／25開／160頁／200元

△地理辨正翼／榮錫勳
搜集考證青囊經天玉經等
平裝／25開／336頁／280元

△胸中水鏡錄／陳雪濤
評釋敘錄術數之教學講義
平裝／25開／360頁／350元

△玄空地理叢譚（第一～六輯）／鐘義明
每一冊皆各有其特色與重點
平裝／25開／各約448頁／各450元

△現代風水精鑒／董斌著
融合東西風水科學，易術風水圖文併陳
平裝／25開／352頁／250元

△山居手記／陳雪濤
風水・相法・紫微・操作心得授課集要
平裝／25開／296頁／250元

△玄空風水突破要訣／黃春
詳析卦象、八宮、換星法、格局吉凶斷
平裝／25開／240頁／250元

△玄空指微／柯建成著
造葬當明地局衰旺，究五行玄機
平裝／25開／240頁／250元

△新校地理玄龍經／蔡承樺編點註解
理氣眞傳・巒頭眞竅・陽宅眞機及諏吉眞宗
平裝／25開／256頁／220元

堪輿風水系列

△玄空指妙／柯建成著
揭地理辨惑等眞旨，探玄空奧義之顚末
平裝／25開／224頁／250元

△玉髓眞經（下冊不分售）／張子微著
錄一──三卷及後卷，詳諸官曜及諸家龍穴等
精裝／25開／1512頁／1500元

△風水地理祖師──楊救貧傳奇／李　炅著
江西派風水大師的一生
平裝／25開／200頁／160元

△地理明師授徒訣竅／鐘義明著
裒輯古今地理明師授徒訣竅，整理增刪而成
平裝／25開／624頁／500元

△玄空大卦秘訣破譯／鐘義明著
訂正編譯明朝國師孫長庚地理遺訣
平裝／25開／600頁／500元

△堪輿探實／余勝唐著
玄空訣法細推輪・運動璇機造分化
平裝／25開／240頁／250元

△眞傳地理辨正疏注釋／蔡承樺注釋、編校
闡眞旨究精微・正其繆平其非
平裝／25開／288頁／450元

△地氣──新世紀能源革命／韓雨墨著
大地能量的採集與探勘
平裝／25開／240頁／200元

△相地指迷／蔣大鴻著・蔡金蓉標點
陰陽配合宅根厚福澤長
平裝／25開／272頁／280元

△中國堪輿名人小傳記／鐘義明
雲山起翰墨・星斗煥文章
平裝／25開／400頁／350元

△撼龍經疑龍經批注校補／榮錫勳校補
經典風水堪輿名著
精裝／25開／840頁／600元

△廿四山造葬天機彙解便覽／陳泱丞
集玄空、三合、龍門八局等造葬之法
平裝／25開／432頁／350元

堪輿風水系列

△風水的玄機／謝武藤
陽宅形煞與風水吉凶剋應綜論
平裝／25開／264頁／250元

△三元地理觀水點地法／莊文壽
三元水法以生旺爲重
平裝／25開／320頁／300元

△三元地理明師盤線秘旨／陳怡誠
二十八星宿宿主與度數五行列舉圖說明
平裝／25開／440頁／350元

△天玉元空寶鑑／莊文壽
人生在世有命運 天地造化有契機
平裝／25開／200頁／200元

△玄空地裡考驗註解(上下册)／鐘義明
考驗古今宅墓盛衰・註解玄空地理奧義
平裝／25開／1216頁／1200元

△標點羅經解定／羅榮縣標點
新編改良堪輿珍本
平裝／25開／304頁／180元

△三元地理六十四卦運用／陳怡誠
三元地理理氣綜合應用
精裝／25開／592頁／600元

△地理辨正疏玄空秘旨摘秘／黃春發編
綜合風水學理論與應用並重的經典之作
平裝／25開／360頁／300元

△三合法地理秘旨全書／陳怡誠・林文松
研究陰陽宅最佳專業工具書
精裝／25開／1080頁／1000元

△楊公開門放水經／楊救貧
陰宅自然流水陽宅開門放水吉凶詳解
平裝／25開／160頁／200元

△山水眞宗／梁貴博
觀水脈識龍起身・講五行避煞求福
平裝／25開／256頁／200元

△三元堪輿黃金斷／莊文壽
廟宇巒頭陰陽宅堪輿寫眞
平裝／25開／224頁／200元

國立中央圖書館出版品預行編目資料

致玟說玄空本義／李致玟著. --一版.--臺
北市：武陵，2005[民94]
面；　公分

ISBN　957-35-1290-4（平裝）

1. 堪輿

294　　　　94018116

致玟說玄空本義

著　　者　李致玟
發 行 人　林輝慶
出 版 者　武陵出版有限公司
社　　址　台北市新生南路三段十九巷十九號
電　　話　(02)23638329・23630730
傳眞號碼　(02)23621183
郵撥帳號　01050635
E－mail　woolin@ms16.hinet.net
網　　址　http：//www.woolin.com.tw
法律顧問　王昧爽律師
印 刷 者　名發美術印刷有限公司
裝 訂 者　忠信裝訂廠
登 記 證　局版臺業字第1128號
一版一刷　2005年10月
定　　價　360元
缺頁或裝訂錯誤可隨時更換

ISBN　957-35-1290-4